DER NATIONAL GEOGRAPHIC EXPLORER

LONDON

Willkommen in London!
Die Übersichtskarte zeigt die Lage der acht großen Stadtbezirke Londons. Praktische Tipps und Hinweise auf Feste und Ereignisse im Jahresrhythmus bieten zusätzliche Hilfe bei der Reiseplanung.

Die Stadtteile im Überblick

A Westminster / Whitehall
B Covent Garden / Soho / Blo
C City / St Paul
D Southwark / Tower Bridge
E Southbank / Waterloo
F Mayfair / Marylebone
G Chelsea / South Kensington / Belgravia
H Kensington / Notting Hill

Jedes Kapitel bietet Adressen von Restaurants – geordnet nach Preiskategorien –, Cafés, Bars und Läden sowie eine Auswahl an Sehenswürdigkeiten mit Stern (★), die Sie auf der Stadtteilkarte leicht wiederfinden.

Verkehrsmittel und Hotels in London
Nützliche Informationen zu öffentlichen Verkehrsmitteln sowie eine Auswahl an Hotels, geordnet nach Preiskategorien, ergänzen den Verkehrsnetzplan.

Register
Das thematisch geordnete Register verzeichnet alle im Führer genannten Namen und Sehenswürdigkeiten.

MÄRKTE

WÄHRUNG

- 1 £ = 1,62 € (2003)
  1 € = 0,60 £ (2003)

MASSEINHEITEN

- Länge: 1 inch = 2,54 cm
- Gewicht: 1 pound = 453 g
- Hohlmaße: 1 pint = 0,57 l, 1 gallon = 4,5 l

KONFEKTIONSGRÖSSE

Damenbekleidung
38 = 6/30; 40 = 8/30; 42 = 10/32
Herrenbekleidung
41 = 16; 42 = 16,5
Damenschuhe
38 = 5; 39 = 6; 40 = 7
Herrenschuhe
41 = 7,5; 42 = 8; 43 = 9

DIE THEMSE

DIE THEMSE AUF DEM BO

kann jederzeit unterbrochen werden).
Mit dem Schiff
Jason's Trip
→ *Tel. 7286 3428, Preis: 5,95 £*
45minütige Spazierfahrt über die Kanäle (von Little Venice nach Camden).
London River Service
→ *Tel. 7941 2400*
Info über die Themse-Fahrten.

EINKAUFEN

Öffnungszeiten
Im Allgemeinen Mo–Sa 9–18 Uhr. In Soho und Covent Garden abendliche Öffnungszeiten bis 19 Uhr (Mi oder Do bis 20 Uhr), viele Geschäfte sind So nachmittags geöffnet.
Schlussverkauf
Ab Anfang Juli beziehungsweise ab Anfang Dez. Die besten Schnäppchen gibt's nach dem Boxing Day (26. oder 27. Dezember).

Kaufhäuser
Harrods (**G** D2)
→ *Knightsbridge SW1, Tel. 7730 1234*
Harvey Nichols (**G** D1)
→ *109–125 Knightsbridge SW1, Tel. 7235 5000*
Selfridges (**F** C3)
→ *400 Oxford St. W1, Tel. 087 0837 7377*
Marks & Spencer (**B** A3)
→ *485 Oxford St. W1, Tel. 7935 7954*
Liberty (**B** A3)
→ *210–220 Regent St. W1, Tel. 7734 1234*
John Lewis (**F** D3)
→ *278–306 Oxford St. W1, Tel. 7629 7711*
Dickins & Jones (**B** A3)
→ *224–244 Regent St. W1, Tel. 7734 7070*

MÄRKTE

Blumenmarkt
Columbia Road Market
→ *Columbia Rd., M° Old St., So 8–14 Uhr*
Einer der schönsten Märkte.
Kleidung und Trödelware
Petticoat Lane Market
→ *Middlesex St., M° Liverpool St. Station, So–Fr 9–14 Uhr*
Größter Flohmarkt Europas.
Brick Lane Market
→ *Brick Lane/ Cygnet St./ Scalter St./ Bacon St./ Cheshire St., M° Shoreditch oder Aldgate East, So 6–14 Uhr*
Konkurrent des Petticoat Lane Market – aber ruhiger.
Camden Lock Market
→ *Camden High St./ Camden Lock Place, M° Camden Town, tägl. 10–18 Uhr*
Lohnt wegen der (nur Sa und So geöffneten) Stände mit Kunsthandwerk.
Antiquitäten
Bermondsey Market
→ *Bermondsey Place, M° Bermondsey, Fr 5–14 Uhr*
Der professionellste unter den Antiquitätenmärkten.
Portobello Road Market
→ *Portobello Rd./ Golborne Rd., M° Notting Hill Gate, Sa 5.30–17 Uhr*
Reizvolle Atmosphäre.
Lebensmittelmärkte
Spitafields Market,
→ *M° Liverpool St. Station, Mo–Fr 11–15.30, So 10–15 U*
Bioprodukte, die in einer Halle angeboten werden.
Borough Market
→ *M° London Bridge, Fr 12–18 Uhr, Sa 9–16 Uhr*
Paradies für Freunde der gehobenen Küche.

RESTAURANTS

Öffnungszeiten
Im Allgemeinen 12–15, 18.30–22 Uhr (letzte Best lung).
Rechnung
Achtung, die auf der Karte angegebenen Preise schl. ßen mitunter weder die Mehrwertsteuer (12,5%) noch die Bedienung (10–15%) noch das Gede (ca. 1 £/Pers.) ein!
Trinkgeld
Sofern es nicht im Preis ir begriffen ist, sind 10% de Rechnungsbetrags üblich

Fakten

- 33 *boroughs* in Greater London, 13 in Inner London.
- 1578 km².
- 7 Millionen Einwohner.
- 28 Millionen Besucher.
- Die Themse zieht sich auf einer Länge von 65 km durch die Stadt.

Orientierung

- Die *boroughs* unterteilen sich in Distrikte (EC = östliches Zentrum, N = Norden, SW = Südwesten) ■ Es gilt: Je höher die der Abkürzung folgende Zahl ist, desto weiter entfernt liegt der *district* vom Zentrum.

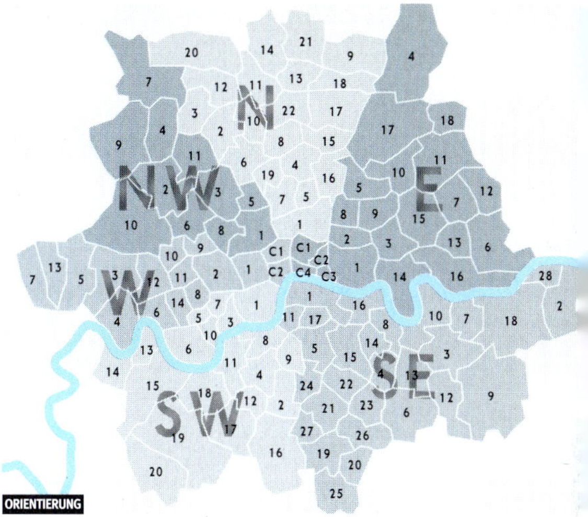

Information

Touristeninformation
London Tourist Board
(**A** A4)
→ *Victoria Station, Forecourt SW1, Tel. 7932 2000, tägl. 8–19 Uhr*
Zeitungen
Time Out
→ *Jeden Mittwoch*
Stadtmagazin mit allen aktuellen Veranstaltungen und Einkaufstipps.
Evening Standard
→ *Jeden Samstag*
Neueste Aufführungen; Pubs und Restaurants, die gerade »in« sind.
Time Out Kids
→ *Monatlich*
Nennt für Kinder geeignete Aktivitäten.
Website
→ *www.hrp.org.uk*
Offizielle Website der königlichen Paläste.
→ *www.londontown.com*
Aktuelle Touristeninformationen.
→ *www.viewlondon.co.uk*
Ausgehtipps in London: Bars, Kinos, Restaurants, Clubs ...

Aussichtspunkte

St Paul's Cathedral (**C** B3)
Von der Kuppel aus Blick über die Innenstadt und das südliche Themseufer.
OXO Tower (**E** C2)
Von Restaurant und Bistro in der 8. Etage Blick über das nördliche Themseufer.
Primrose Hill
Von diesem Hügel mitten im Regent's Park bietet sich eine weite Sicht über die Stadt, von der Battersea Power Station bis zum Canary Wharf Tower (siehe Karte).

Parks & Gärten

Parks, Wälder und Gärten
Die Grünflächen nehmen 174 km² ein.
Öffnungszeiten
Von Sonnenaufgang bis Sonnenuntergang.
Aktivitäten im Freien
Einen Liegestuhl mieten
→ *Preis: 1,50 £ für 4 Stunden*
Stehen in den meisten Parks zur Verfügung. Ein Angestellter kommt vorbei, um zu kassieren.
Bootfahren
→ *Hyde Park, Hampstead Heath, Regent's Park*
Baden
→ *Hampstead Heath*
Reiten
→ *Hyde Park, Regent's Park*
Freiluft-Aufführungen
Klassische Musik
→ *Hampstead Heath*
Tel. 8233 5892, Juli–Aug.
Oper
→ *Holland Park*
Tel. 7602 7856, Juni–Aug.
Theater
→ *Regent's Park*
Tel. 7486 2431, Juni–Sept.
Jazz
→ *Ealing Summer Festival*
Tel. 8280 1185, Juni–Aug.

London einmal anders

Zu Fuß
The Original London Walks
→ *Tel. 7624 3978*
Führungen in Gruppen (rund 140 Spaziergänge pro Woche).
The Streets of London Tour
→ *Tel. 8906 8657*
Für 5 £ zwei Stunden lar
Fahrt nach Wunsch.
Im Bus
Stadtbus
→ *Linie 15 (Marble Arch–Tower Bridge), Linie 11 (Victoria–Liverpool Street)*
Führt den Besucher zum
Preis einer einfachen Bu
fahrkarte zu den wichtig
ten Monumenten.
The Original London Sightseeing Tour
→ *Tel. 8877 1722, Preis: 14*
für 24 Stunden, 15 £ für Kin
Stadtrundfahrt im überdachten Bus (die Tour

Willkommen in London !

A Westminster / Whitehall
B Covent Garden / Soho / Bloomsbury
C City / St Paul
D Southwark / Tower Bridge

E Southbank / Waterloo
F Mayfair / Marylebone
G Chelsea / South Kensington / Belgravia
H Kensington / Notting Hill

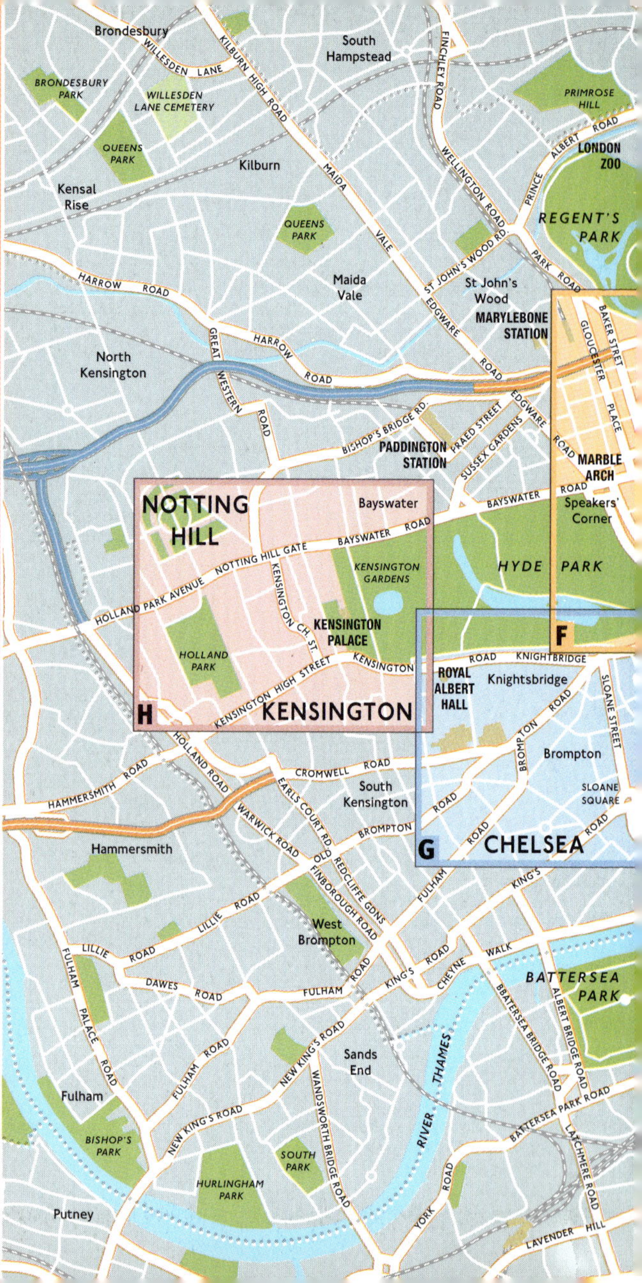

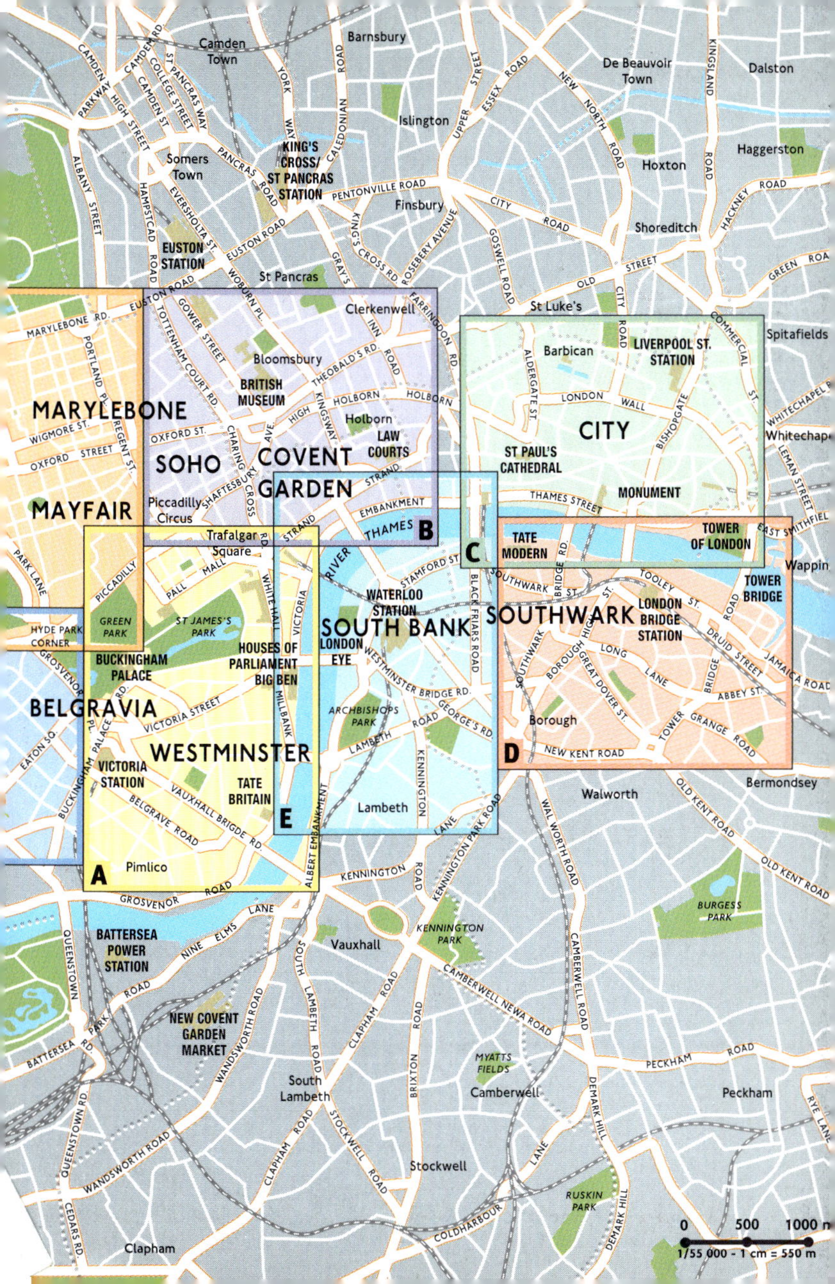

Camden Town
Barnsbury
De Beauvoir Town
Dalston
Islington
Haggerston
Somers Town
KING'S CROSS/ ST PANCRAS STATION
Hoxton
Finsbury
Shoreditch
EUSTON STATION
St Pancras
Clerkenwell
St Luke's
Spitafields
Bloomsbury
BRITISH MUSEUM
Barbican
LIVERPOOL ST. STATION
MARYLEBONE
Holborn
LAW COURTS
CITY
Whitechapel
SOHO
COVENT GARDEN
ST PAUL'S CATHEDRAL
MONUMENT
MAYFAIR
Piccadilly Circus
Trafalgar Square
THAMES
B
C
TATE MODERN
TOWER OF LONDON
Wappin
WATERLOO STATION
TOWER BRIDGE
SOUTH BANK
SOUTHWARK
LONDON BRIDGE STATION
HYDE PARK CORNER
GREEN PARK
ST JAMES'S PARK
HOUSES OF PARLIAMENT
BIG BEN
LONDON EYE
BUCKINGHAM PALACE
BELGRAVIA
ARCHBISHOPS PARK
Borough
WESTMINSTER
VICTORIA STATION
TATE BRITAIN
D
Bermondsey
Walworth
E
Lambeth
Pimlico
A
BURGESS PARK
BATTERSEA POWER STATION
Vauxhall
KENNINGTON PARK
NEW COVENT GARDEN MARKET
MYATTS FIELDS
South Lambeth
Camberwell
Peckham
Stockwell
RUSKIN PARK
Clapham
MARYLEBONE RD.
PORTLAND PL.
WIGMORE ST.
OXFORD STREET
REGENT ST.
PARK LANE
PICCADILLY
EUSTON ROAD
GOWER STREET
TOTTENHAM COURT RD.
OXFORD ST.
CHARING CROSS
SHAFTESBURY AVE.
HIGH HOLBORN
KINGSWAY
THEOBALD'S RD.
STRAND
EMBANKMENT
FARRINGDON RD.
PENTONVILLE ROAD
CITY ROAD
OLD STREET
LONDON WALL
BISHOPSGATE
ALDERGATE ST
THAMES STREET
COMMERCIAL ST.
WHITECHAPEL
LEMAN STREET
EAST SMITHFIEL
MALL
PALL MALL
WHITE HALL
VICTORIA
STAMFORD ST
BLACK FRIARS ROAD
SOUTHWARK BRIDGE RD.
SOUTHWARK ST.
TOOLEY ST.
BOROUGH HIGH ST.
GREAT DOVER ST.
LONG LANE
DRUID STREET
JAMAICA ROAD
ABBEY ST.
GRANGE ROAD
TOWER BRIDGE ROAD
NEW KENT ROAD
WESTMINSTER BRIDGE RD.
GEORGE'S RD.
LAMBETH ROAD
KENNINGTON LANE
KENNINGTON PARK ROAD
KENNINGTON ROAD
VICTORIA STREET
VAUXHALL BRIGDE RD.
BELGRAVE ROAD
BUCKINGHAM PALACE RD.
GROSVENOR PL.
EATON SQ.
MILLBANK
ALBERT EMBANKMENT
GROSVENOR ROAD
NINE ELMS LANE
QUEENSTOWN ROAD
BATTERSEA PARK ROAD
WANDSWORTH ROAD
SOUTH LAMBETH ROAD
CLAPHAM ROAD
BRIXTON ROAD
CAMBERWELL NEWA ROAD
CAMBERWELL ROAD
WALWORTH ROAD
OLD KENT ROAD
PECKHAM ROAD
DEMARK HILL
RYE LANE
STOCKWELL ROAD
COLDHARBOUR LANE
CEDARS RD.
ALBANY STREET
HAMPSTEAD ROAD
EVERSHOLTA ST
CAMDEN HIGH STREET
PARKWAY
COLLEGE STREET
ST PANCRAS WAY
YORK WAY
CALEDONIAN ROAD
UPPER STREET
ESSEX ROAD
NEW NORTH ROAD
KINGSLAND ROAD
HACKNEY ROAD
GREEN ROAD
GOSWELL ROAD
ROSEBERY AVENUE
KING'S CROSS RD
GRAY'S INN ROAD
WOBURN PL.
0
500
1000 m
1/55 000 - 1 cm = 550 m

Zeitunterschied

- In Großbritannien gilt die mitteleuropäische Zeit minus 1 Stunde (13 Uhr in Deutschland = 12 Uhr in London).
- am: ante meridian, pm: post meridian (11 am = 11 Uhr, 11 pm = 23 Uhr).

Feiertage

- 1. Jan. ■ Good Friday (Karfreitag) ■ Easter Monday (Ostermontag) ■ May Day (1. Mo im Mai) ■ Spring Bank Holliday (letzter Mo im Mai) ■ Summer Bank Holliday (letzter Mo. im August) ■ 25. Dez. ■ Boxing Day (26. oder 27. Dez.) ■ 31. Dez.

GRÜNFLÄCHEN

Telefonieren

Vorwahl für **Londons Innenstadt** (0171), für die **Aussenbezirke** (0181).
Internationale Vorwahl für Deutschland (0049), für Österreich (0043), für die Schweiz (0041).
Auskunft
GB (192)/Ausland (153).

AUSSICHTSPUNKTE

Ermäßigungen
TKTS (**B** C4)
→ *Leicester Square, Mo–Sa 10–19 Uhr, So 12–15.30 Uhr*
Plätze zum halben Preis für den jeweiligen Tag (Nur Barzahlung).
An der Kasse
→ *Royal National Theatre Tägl. (Karten für ca. 10 £)*
→ *Royal Court Theatre Mo (Einheitspreis 7,50 £)*
→ *London Coliseum Tägl. (Karten 3 £)*

Sport

Epsom Downs
→ *Epsom (Surrey) Tel. 01372 726 311*
Pferderennbahn in der Grafschaft Surrey.
Lord's
→ *St John's Wood Rd. NW8, Tel. 7289 1611*
Kricket-Anlage, in der die Endspiele der wichtigsten Turniere stattfinden.
Twickenham
→ *Whitton Rd. Twickenham (Middlesex), Tel. 8892 2000*
Rugby-Tempel (siehe Karte). Spiele des Sechsländerturniers zwischen Jan. und März.
Wembley
→ *Empire Way Wembley (Middlesex), Tel. 087 0153 5353*
Mekka des Fußballs (wird 2004 wiedereröffnet).
Catford Stadium
→ *Adenmore Rd. SE6, Tel. 8690 8000*
Abendliche Windhundrennen (Fr oder Sa).

Studenten

Internationaler Studentenausweis
Ermäßigung in Museen und bei verschiedenen Veranstaltungen.
Reisebüro
Gute Reisebüros nennen die günstigsten Angebote (Bus, Flugzeug, Zug). Informationen außerdem bei:
Urlaubsservice Großbritannien
→ *Westendstr. 16–22, 60325 Frankfurt/Main, Tel. 069 97 11 23, Fax: 069 97 11 24 44*
→ *14 Southhampton St. WC2, Tel. 7836 3343*
Usit Campus (**A** A4)
→ *52, Grosvenor Gardens SW1, Tel. 7730 7285*

Wichtige Rufnummern

Im Notfall
Polizei, Feuerwehr
→ *Tel. 999 oder 112*
Apotheke
Bliss Chemist (**F** B3)
→ *Marble Arch W1, Tel. 7723 6116, tägl. 9–24 Uhr*
Fundbüro
Lost Properties (**F** B2)
→ *200 Baker St. NW1, Tel. 7486 2496, Mo–Fr 9.30–14.30 Uhr*

Festkalender

Januar, Februar
Mime Festival (Theaterfestival), Chinesisches Neues Jahr, Charles I Commenmoration (letzter So im Jan.)
März
Boat Race (Ruderwettbewerb der Universitäten Oxford und Cambridge auf der Themse).
April
London-Marathon.
Mai
Chelsea Flower Show (Blumenschau im Royal Hospital).
Juni
Beating Retreat (Militärparade), Trooping the Colour (Geburtstag der Königin), Derby Day und Royal Ascot.
Juli, August
Endspiel der Internationalen Tennismeisterschaften in Wimbledon (Anfang Juli), Proms (Klassische Konzerte in der Royal Albert Hall), Coin Street Festival (Jazz-Festival's in Gabriel's Wharf), Notting Hill Carnival (Ende Aug.).
September
Riverfront Jazz (10 Tage in Greenwich), London Open House (Tag der offenen Tür).
November
London Film Festival, Halloween, Bonfire Night (Feuerwerk am 5. Nov.: Niederschlagen des Aufstands gegen James I, 1605), Lord's Mayor Show (Umzug nach Wahl des Lord Mayor, des Oberbürgermeisters).
Dezember
Christmas Lights & Trees (weihnachtliche Beleuchtung).

London Aktuell

Zahlreiche Museumsgründungen, große Bauprojekte und ehrgeizige Renovierungspläne wurden an der Wende zum 21. Jahrhundert verwirklicht.

British Library
→ *96 Euston Rd. NW1, Tel. 7412 7332*
Die berühmte Bibliothek in Euston, untergebracht in einem umstrittenen postmodernen Gebäude.

Dulwich Picture Gallery
→ *Gallery Rd.* SE 21, *Tel. 8693 5254*
Englands älteste öffentliche Gemäldegalerie wurde komplett renoviert.

Gilbert Collection (**B** E4)
In Somerset House befindet sich Londons neuestes Kunstgewerbe-Museum.

London Eye (**E** B3)
In Lambeth kann man London aus der Höhe des größten Riesenrads der Welt betrachten.

Millennium Bridge (**D** A1)
Zwischen Tate Modern und St Paul, nach mehr als 100 Jahren wurde in London wieder eine Brücke gebaut.

Millennium Dome
→ *North Greenwich SE1, Tel. 8331 4000*
Das ehrgeizige Gebäude wurde anlässlich der 2000-Jahr-Feier errichtet, ist aber inzwischen für das Publikum geschlossen.

Tate Modern (**D** A1)
In Bankside, Museum zeitgenössischer Kunst in einem ehemaligen Elektrizitätswerk.

Wellcome Wing (**G** B2)
Zusätzliche Räume im Science Museum, die wissenschaftliche Neuheiten präsentieren.

GROSS-LONDON

Preiswerte Angebote

Pre-theater menu
Von vielen Restaurants am frühen Abend angebotenes Menü zu moderaten Preisen.

Pubs und Gastropubs
Pubs servieren kleine, günstige Snacks; etwas feinere Küche in den Gastropubs.

Fish & chips und Pies & mash
Zwei sättigende Gerichte für wenig Geld. *Pie & mash* (mit Fleisch gefüllte Pastete, Kartoffelpüree), *fish & chips* (frittierter Fisch und Pommes).

Für Nachtschwärmer

Restaurants

Special Zone (**B** B3)
→ *19 Wardour St. W1, Tel. 7734 2868, tägl. 6–4 Uhr*
China-Restaurant in Soho.

Beigel Bake
→ *159 Brick Lane E1, Tel. 7729 0616, tägl. 6–4 Uhr*
Köstliche gefüllte *bagels* frisch aus dem Ofen.

Vingt-Quatre (**G** A4)
→ *325 Fulham Rd. SW10, Tel. 7376 7224, tägl. 24 Std.*
Kleinere Gerichte und Frühstück.

Cafés und Bars

Bar Italia (**B** B3)
→ *22 Frith St. W1, Tel. 7437 4520, tägl. durchgehend*
Italienische Getränke bis tief in die Nacht.

Cuba (**H** D4)
→ *11 High St., Kensington W8, Tel. 7938 4137, Mo–Do 17–2, Fr–Sa 12–2, So 17–22.30 Uhr*

Pharmacy (**H** B2)
→ *150 Notting Hill Gate W11, Tel. 7221 2442, Mo–Sa bis 2 Uhr*

Magasins »7 Eleven«
Zigaretten und Zeitungen gibt es in dieser über ganz London verteilten Ladenkette (24 Stunden geöffnet).

Museen

Öffnungszeiten
Fast alle Museen sind So und an Feiertagen geöffnet.

Ermäßigte Eintrittspreise
Gelten für Kinder und Jugendliche unter 16 Jahren, für Studenten und für Personen über 60 Jahren.

Freier Eintritt

Generell
→ *British Museum, National Gallery, Tate Modern, Tate Britain, Science Museum, Natural History Museum, Imperial War Museum*
Freier Eintritt in alle Museen.

Veranstaltungen

Kartenverkauf

Tower Records (**B** B4)
→ *1 Piccadilly Circus W1, Tel. 7439 2500*

Telefonische Reservierung
Bezahlung mit Kreditkarte; die Preise sind ca. 10 % höher als direkt an der jeweiligen Kasse.

First Call
→ *Tel. 7420 1000*

Ticket Master
→ *Tel. 7413 1442*

NATIONAL GALLERY

TATE BRITAIN

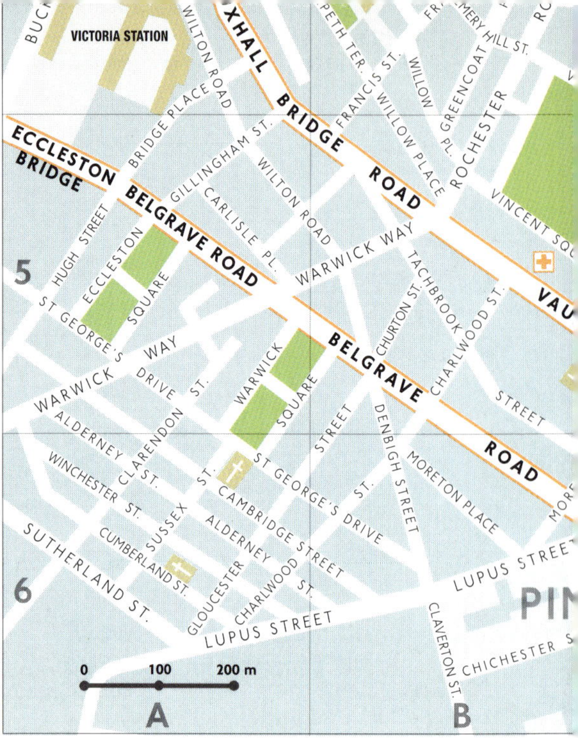

★**National Gallery** (**A** C1)
→ *Trafalgar Square WC2, Tel. 7747 2885, Tägl. 10–18 (Mi 21 Uhr)*
Eine der bedeutendsten Gemäldesammlungen der Welt mit Werken europäischer Meister (13.–20. Jh.). Zu den berühmtesten Ausstellungsstücken zählen *Das Pfingstwunder* von Giotto, *Julius II* von Raffael und *Sonnenblumen* von Van Gogh. In der Micro Gallery kann man seinen Rundgang am Computer vorbereiten (5,20 £).

★ **Trafalgar Square/ Nelson's Column** (**A** C1)
Verkehrsknotenpunkt der Stadt, an dem sich Touristen und Tauben ein Stelldichein geben. Hinzu kommen Kolonnen roter Busse, Sonnenanbeter und im Sommer Badelustige in den zwei Springbrunnen unter der Statue von Lord Nelson. Die Bronzereliefs am Sockel dieser Säule wurden aus den Kanonen der Napoleonischen Flotte angefertigt, die Nelson besiegt hatte. Jedes Jahr versammeln sich hier am 31. Dezember Menschenmengen, um unter einer riesigen norwegischen Tanne den Jahreswechsel zu erleben.

★ **Horse Guards** (**A** D2)
→ *Whitehall SW1, Tel. 7414 2279 Wachablösung tägl. 11 (So 10 Uhr)*
Vier unerschütterliche Wachposten mit Bärenfellmützen, die hoch zu Ross vor dem Buckingham Palace Wache stehen. Vor allem die spektakuläre Zeremonie der Wachablösung mit Stechschritt, Militärmusik und Kommandos zieht viele Schaulustige an. Ein guter Beobachtungsposten bietet sich vom Vorplatz auf der Seite des St Jame's Park aus.

★ **St James's Park** (**A** C2)
→ *Tel. 7930 1793, tägl. 5–24 Uhr*
Einer der schönsten Landschaftsparks der Stadt, in dem Spaziergänger und
likane aufeinander treff
Die nächtliche Beleucht
verstärkt den Charme d
ses kleinen Paradieses:
Große Bäume, anmutig
Seen und ein guter Blick
den Buckingham Palace

★ **Buckingham Palac** (**A** A3)
→ *The Mall SW1, Tel. 7766 7300, Aug.–Sept. 9.30–1 Uhr*
Seitdem Königin Victori
dort 1837 einzog, ist die
Palast mit seiner schlich
Fassade die Residenz d
britischen Monarchen.
offiziellen Räume stehe
nur zweimal im Jahr zur
sichtigung offen, doch z

WESTMINSTER ABBEY

HOUSES OF PARLIAMENT / BIG BEN

BUCKINGHAM PALACE

Der Trafalgar Square öffnet sich auf die großen Straßen The Mall und Whitehall. An ihren Seiten erheben sich die Symbole der politischen und religiösen Macht im Land: Königliche Residenz, Ministerien, Parlamentsgebäude und Kirchen. Doch auch das leicht Verwegene hat hier seinen Platz, wie es die Herren-Boutiquen der St Jame's Street und Jermyn Street zeigen. Hinter den Victoria Tower Gardens trifft man rund um den St John's Smith Square auf kleine Gässchen zwischen Häusern aus dem 18. Jahrhundert. Weiter südlich liegen Wohnviertel mit vielen Gebäuden aus dem viktorianischen Zeitalter. Die Ruhe dieser Gegend verliert sich, je mehr man sich der Victoria Station nähert.

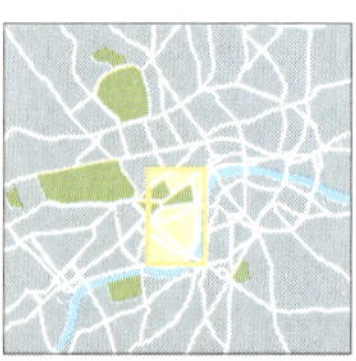

JENNY LO'S TEA HOUSE

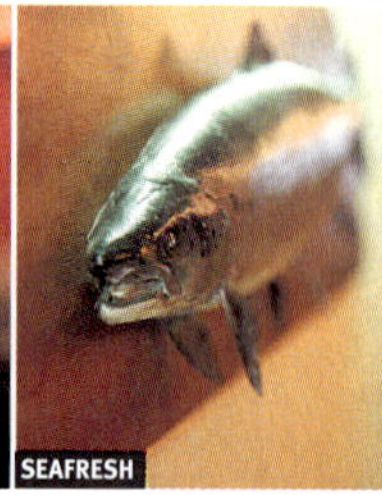
SEAFRESH

CH

Restaurants

Jenny Lo's Tea House (**A** A5)
→ *14 Eccleston St. Unweit Eccleston Bridge SW1, Tel. 7259 0399, Mo–Sa 11.30–15, 18–22 Uhr*
Reis mit Auberginen und Sojasauce, Nudeln mit Meeresfrüchten und schwarzen Bohnen. Chinesische Nudeln und Reis mit Saucen, stilgerecht und in lockerer Atmosphäre serviert. À la carte 10 £.

Chimes (**A** B5)
→ *26 Churton St. SW1, Tel. 7821 7456, tägl. 12–15.30, 17.30–22.15 Uhr*
Pies, Lachs, *crumbles* und dazu eine Auswahl 12 verschiedener Cidre-Sorten. Gaststätte in typisch rustikalem Ambiente.
À la carte 15 £.

Seafresh (**A** B5)
→ *80–81 Wilton Rd. SW1, Tel. 7828 0747, Mo–Fr 12–15, 17–22.30 Uhr, Sa 12–22.30 Uhr*
Riesenportionen *fish & chips* vor einer Kulisse von Muscheln und Fischernetzen. Gegen einen kleinen Aufpreis erhält man den Fisch auch gegrillt.
À la carte 12 £.

Al Duca (**A** B1)
→ *4–5 Duke of York St. SW1, Tel. 7839 3090, Mo–Sa 12.30–15, 18–23 Uhr*
Spaghetti mit Seemuscheln, geräucherter Schwertfisch, fruchtige Desserts. Innovative italienische Küche in geschmackvoll gestalteten Räumen, Menü 17,50–28 £.

Gaucho Grill (**A** B1)
→ *19 Swallow St. W1, Tel. 7734 4040, Mo–Fr 12–15, 17–23.30 Uhr; Sa 12–24 (So 22.30 Uhr)*
Wunderbare argentinische Steaks, gegrillt oder nach traditionellem Rezept mit Gemüse gefüllt. À la carte 35 £.

Matsuri (**A** B1)
→ *15 Bury St. SW1, Tel. 7839 1101, Mo–Sa 12–15, 18–22.30, So 18–22 Uhr*
Japanische Küche als Kunstwerk zelebriert. Feinste Sushis, an den Tischen zubereitet, einwandfreier Service.
À la carte 45 £.
Mittags japanische Pizza für 7 £.

Café, Teesalon

EasyinternetCafé (**A** D1)
→ *456 Strand, Tel. 7839 3311, tägl. 8–23 Uhr*
Cyber-Café mit vielen Rechnern.

Portrait Café (**A** D1)
→ *St Martin's Place WC2, Tel. 7312 2465, Sa–Di*

FORTNUM & MASON

HARVIE & HUDSON

10–17.30, Do–Fr 10–20.30 Uhr
Schönstes unter den Museumscafés. Das moderne Design verbindet graue Möbel mit Säulen aus ockerfarbenen Ziegelsteinen.

Café in the Crypt (**A** D1)
→ *Duncannon St. Crypt of St. Martin-in-the-Fields WC2, Tel. 7839 4342, Mo–Mi 10–20, Do–Sa 12–23 (So 20–24 Uhr)*
Halb Café, halb Bar, trifft man in dieser umgestalteten Krypta Ausgehungerte und Durstige auf der Suche nach einem schlichten und preisgünstigen Ort.

Bars und Pubs

The Sports Café (**A** C1)
→ *80 Haymarket SW1, Tel. 7839 8300, tägl. 12–3 (So 23 Uhr)*
Im riesigen Gebäude befinden sich 3 Bars, 4 große Leinwände, 120 Fernseher und eine Tanzfläche. Voll wird es hier vor allem an den Abenden großer Sportereignisse. Wer nicht untätig bleiben möchte, kann bei Baby–foot und Vidospielen so tun, als sei er selbst der Sportheld.

Che (**A** B1)
→ *23 St James's St. SW1, Tel. 7747 9380, Mo–Fr 11–23, Sa 15–23.15 Uhr*
Aus einer langen Karte einen Cocktail oder eine Zigarre auswählen und diese inmitten der modernen Dekoration genießen... Auch wenn von der Atmosphäre einer kubanischen Bar nicht viel geblieben ist, gilt das Che als einer der beliebtesten Treffpunkte der Stadt.

The Red Lion (**A** B1)
→ *2 Duke of York St. SW1, Tel. 7321 0782, Mo–Sa 11.30–23 Uhr*
Hinter einer Blumenfassade gelegener kleiner Pub voller Charme: Die Wände schmücken verzierte Spiegel, gedämpftes Licht umhüllt die Theke.

Shopping

The English Teddy Bear Company (**A** B1)
→ *42, Piccadilly W1, Tel. 7491 2091, Mo–Mi 10–18.30, Do–Sa 10–19, So 11.30–17.30 Uhr*
Unzählige verschiede Plüschteddybären finden sich hier, neben dem klassischen, handgemachten Bären aber auch Paddington, Bären in Gardeuniform, im Schottenrock und als Sherlock Holmes angezogen.

Waterstone's (**A** B1)
→ *203–206 Piccadilly W1, Tel. 7851 2400, Mo–Sa 10–22, So 12–18 Uhr*
Beim Anblick der Kunden, die in bequemen Sesseln in ihre Lektüre vertieft sind, glaubt man sich fast in einer Bibliothek. Doch trotz der Sofas, Sessel und verschiedenen Bars handelt es sich um eine Buchhandlung – und zwar um die größte Europas! Verpassen Sie auf keinen Fall die Studio Lounge Bar im 5. Stock mit ihrem Blick über die Dächer des House of Parliament.

Fortnum & Mason (**A** B1)
→ *181 Piccadilly W1, Tel. 7734 8040, Mo–Sa 10–18.30, So 11–17 Uhr*
Tempel kulinarischer Raffinesse. Im beeindruckenden Gebäude gibt es Tee, *chutneys, shortbreads,* Marmeladen und andere Zutaten, in bewährter Qualität. Rote Teppiche, Lüster und Teesalon im hinteren Teil des Hauses.

Jermyn Street (**A** B1)
Die Straße der Herrenausstatter: Oberbekleidung, Parfümerien, Schuh- und Zigarrengeschäfte.
Davidoff of London (Nr. 35)
→ *Tel. 7930 3079*
Zigarren.
Turnbull & Asser (Nr. 71)
→ *Tel. 7807 3000*
Harvie & Hudson (Nr. 77/97)
→ *Tel. 7930 3949*
Hemden.
John Lobb (Nr. 88)
→ *Tel. 7930 8089*
Schuhe.

N Peal (**A** A1)
→ *37 Burlington Arcade W1, Tel. 7493 5378 Mo–Sa 9.30–18 Uhr*
Kaschmirpullover in modernem Schnitt und Paschminas in allen Regenbogenfarben.

Tower Records (**A** B1)
→ *1 Piccadilly Circus W1, Tel. 7439 2500, Mo–Sa 9–22 Uhr, So 12–18 Uhr*
Größter CD-Laden der Stadt, der eine unglaubliche Auswahl aller musikalischer Stilrichtungen bietet.

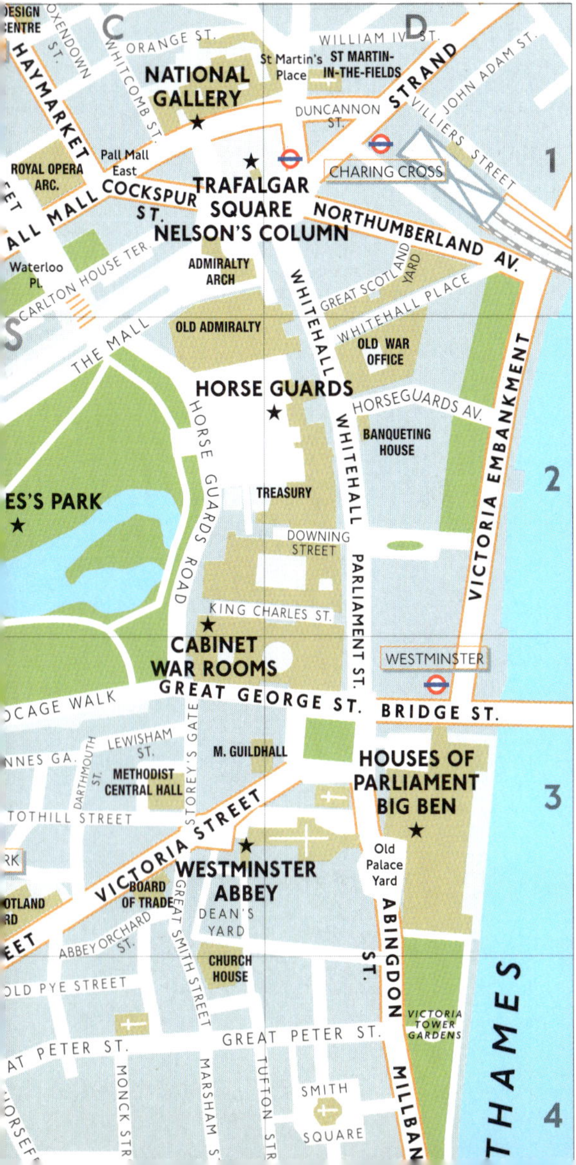

TRAFALGAR SQUARE / NELSON'S COLUMN

HORSE GUARDS

CABINET WAR ROOMS

ST JAMES'S PARK

WESTMINSTER CATHEDRAL

Nachablösung vor dem
st das ganze Jahr über
e Massen an.

abinet War Rooms
2)
ive Steps King Charles St.
Tel. 7930 6961,
9.30–17.15 Uhr
ois heute unveränder-
Räume des unterirdi-
n Bunkers stellen einen
wichtigsten Orte eng-
er Geschichte dar:
nen verschanzte sich
ston Churchill während
Zweiten Weltkrieges
arbeitete seine strate-
hen Pläne aus.

ouses of Parliament/
Ben (A D3)
estminster Place SW1,
Tel. 087 0906 3773 (Besuch nur nach Vereinbarung)
Im neogotischen Gebäude an der Themse schlägt das politische Herz Englands. Hier sind The House of Lords (Oberhaus) und The House of Commons (Unterhaus) untergebracht. Zwischen Oktober und Juli kann man den Parlamentsdebatten beiwohnen. Vom Parliament Square aus sieht man den Uhrturm Big Ben mit seiner berühmten Glocke.

★ **Westminster Abbey** (**A** C3)
→ *Dean's Yard SW1, Tel. 7222 5152, Mo–Fr 9.30–16.45, Sa 9.30–14.45 Uhr*
Ein Meisterwerk gotischer Baukunst, in dem seit 1308 fast alle britischen Monarchen gekrönt wurden. In einer Kapelle kann der Krönungsthron besichtigt werden. Gleichzeitig diente die Abbey als Begräbnisstätte von Königen und anderen wichtigen Persönlichkeiten. So finden sich in einer Kapelle etwa die Reliquien von Eduard dem Bekenner. 10 freie Nischen an der Westfront der Fassade wurden 1998 mit neuen Statuen bestückt, die heilig Gesprochene und Märtyrer des 20. Jahrhunderts darstellen (darunter Martin Luther King, Martin Kolbe).

★ **Westminster Cathedral** (**A** B4)
→ *Victoria St. SW1, Tel. 7798 9055, tägl. 7–19 Uhr*
Glänzt im Inneren mit Marmor in den verschiedensten Farben und besticht von außen durch ihre erstaunliche Architektur.

★ **Tate Britain** (**A** D5)
→ *Millbank SW1, Tel. 7887 8734, tägl. 10–18.10 Uhr*
Die Tate Gallery wurde 2000 unterteilt: Während die Tate Britain ihre unermesslichen Schätze englischer Malerei zeigt, konzentriert sich die angrenzende Clore Gallery auf die Sammlung Turner. Eintritt frei.

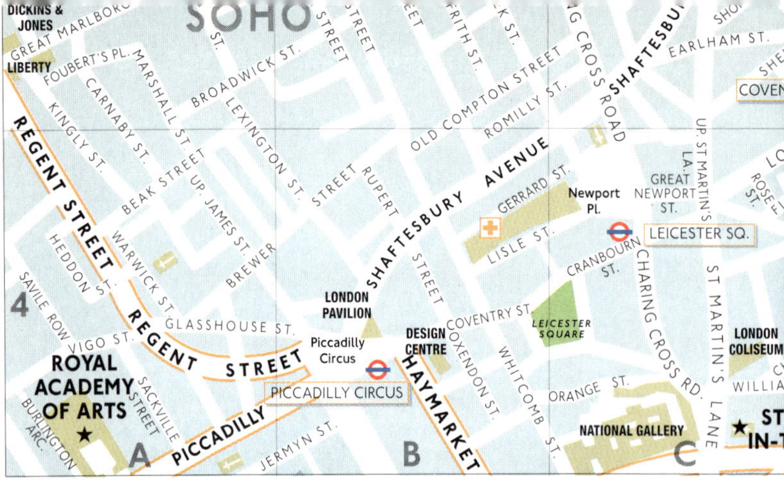

SIR JOHN SOANE'S MUSEUM

ROYAL ACADEMY OF ARTS

LONDON TRANSPORT MUSE

★ British Museum (**B** C2)
→ *Great Russell St. WC1, Tel. 7323 8299, Sa–Mi 10–17.30, Do–Fr 10–20.30 Uhr*
Nach seinem Tod 1753 vermachte der Arzt Hans Sloane der britischen Regierung seine Sammlung natur- und kunstgeschichtlicher Dokumente und legte damit den Grundstein für das heutige »Schatzhaus der Nation«. Dieses beherbergt neben vielem anderen die berühmten »Elgin Marbles« aus dem Parthenon und den Rosettastein, mit dessen Hilfe es gelang, altägyptische Hieroglyphen zu entziffern. Mehrmals täglich kostenlose Führungen durch verschiedene Abteilungen. Eintritt frei.

★ Sir John Soane's Museum (**B** E3)
→ *13 Lincoln's Inn Fields WC2, Tel. 7405 2107, Di–Sa 10–17 Uhr (jeden ersten Di im Monat 18–21 Uhr)*
Der exzentrische Architekt und leidenschaftliche Sammler John Soane verwandelte schon zu seinen Lebzeiten das eigene Privathaus in eine Art »Kunsthöhle«. Darin finden sich Modelle seiner Entwürfe, Gemälde (u.a. von Turner), Bücher und Antiquitäten. Eintritt frei.

★ Royal Opera House (**B** D3)
→ *Bow St. WC2, Tel. 7304 4000, Mo–Sa Besichtigung 10.30, 12.30, 14.30 Uhr*
In dem 1858 erbauten, imposanten Gebäude sind die »Royal Opera« und das »Royal Ballet« beheimatet. Umfassend renoviert.

★ Theatre Museum (**B** D4)
→ *Russell St. WC2, Tel. 7943 4700, Di–So 10–18 Uhr*
Ob Zirkus oder Oper – hier werden alle Geheimnisse der Bühnenkunst gestreift: Fotos, Entwürfe und Accessoires vom 17. Jahrhundert bis in die Gegenwart.

★ Covent Garden (**B** D
Der ehemalige Gemüseg
ten der Mönche von Wes
minster Abbey und der
Obst- und Gemüsemark
der bis in die Siebzigerja
hier abgehalten wurde,
inzwischen verschwund
Gleichwohl ist Covent Ga
den nach wie vor ein bel
tes Flanierviertel für jung
Leute: Boutiquen, Stänc
mit Kunsthandwerk, Res
rants und Cafés finden s
unter den Arkaden; Gesc
te aller Art füllen die alte
Markthallen. Mit seinen
Straßenkünstlern und S
ziergängern ist Covent G
den eines der lebendigs
Viertel von London.

BRITISH MUSEUM

COVENT GARDEN

TEMPLE

A
B
C
1
2
3
EUSTON SQUARE
EUSTON ROAD
WARREN ST.
GOODGE ST.
TOTTENHAM COURT ROAD
OXFORD CIRCUS
RUSSELL SQUARE
UNIVERSITY COLLEGE
CHURCH OF CHRIST
UNIV. COLL. HOSPITAL
NAT. CENTRAL LIBRARY
SCHOOL OF ORIENTAL AND AFRICAN STUDIES
UNIVERSITY OF LONDON
BRITISH MUSEUM
IMAGINATION OFFICES AND GALLERY
TOY MUSEUM
ROYAL EAR HOSPITAL
MIDDLESEX HOSPITAL
LONDON TELECOM TOWER
LONDON FOOT HOSPITAL
ST LUXE' S HOSPITAL
FITZROY SQUARE
FITZROVIA
GORDON SQUARE
TAVISTOCK SQUARE
BEDFORD SQUARE
RUSSELL SQUARE GARDENS
SOHO SQUARE
ST PATRICK
ST GILES
M & S
NEAL'S YARD
GOWER STREET
MALET STREET
TOTTENHAM COURT ROAD
WOBURN PLACE
TAVISTOCK PL.
ENDSLEIGH PL.
GORDON ST.
TORRINGTON PLACE
BEDFORD WAY
HUNTLEY
WAY
GRAFTON
WHITFIELDS ST.
MAPLE ST.
UNIVERSITY ST.
CAPPER ST.
CHENIES MS.
CHENIES STREET
STORE ST.
MONTAGUE PLACE
BLOOMSBURY ST.
BEDFORD SQUARE
GREAT RUSSELL STREET
MUSEUM
NEW OXFORD ST
ST GILES HIGH ST.
OXFORD STREET
HOWLAND
CLEVELAND STREET
NEW CAVENDISH STREET
FOLEY STREET
TOTTENHAM ST.
GOODGE ST.
MORTIMER ST.
WELLS
MARGARET
EASTCASTLE
BERNERS ST.
STREET
NEWMAN STREET
RATHBONE PLACE
PERCY ST.
GREAT TITCHFIELD ST.
NOEL ST.
POLAND
BERWIC
WARDOUR
DEAN STR
CHARI
AVENUE
ENDE

Zwischen Piccadilly Circus und Covent Garden herrscht eine pulsierende Geschäftigkeit. Während tagsüber die schicken Geschäfte am Strand, in der Oxford Street und zahlreiche Straßencafés das Bild bestimmen, üben abends die kleinen Theater eine starke Anziehungskraft auf Laiendarsteller aller Sparten aus. Nachts schließlich erwacht das weltoffene Soho mit seiner Vielzahl an Restaurants, Bars und Sexshops zum Leben. Verkörpert das weiter nördlich gelegene Bloomsbury dank seiner literarischen Vergangenheit und der Londoner Universität Werte wie Bildung und Wissenschaft, steht Holborn mit seinen Juristischen Seminaren für die Rechtsprechung.

BELGO CENTRAAL

HARBOUR CITY

RESTAURANTS

World Food Café (**B** C3)
→ *Neal's Yard Dining Room, 14 Neal's Yard WC2, Tel. 7379 0298, Mo–Sa 11.30 –16.30 Uhr (Sa 17 Uhr)*
Im Herzen Londons, köstliche vegetarische Gerichte mit leicht exotischem Einschlag. Die Küche liegt offen in der Mitte des Raumes. À la carte 14 £.

Kulu Kulu (**B** A4)
→ *76 Brewer St. W1, Tel. 7734 7316, Mo–Fr 12–14.30, 17–22 Uhr; Sa 12–16 Uhr*
Ein Sushi-Reigen vom Fließband in einem japanisch angehauchten Fastfood-Restaurant. Achtung! Bei großem Andrang ist die Verweildauer auf eine 3/4 Stunde beschränkt. Circa 13 £.

Belgo Centraal (**B** C3)
→ *50 Earlham St. WC2, Tel. 7813 2233, Mo–Do 12–23, Fr–Sa 12–23.30, So 12–22.30 Uhr*
Seltsames Restaurant mit faszinierender Atmosphäre. Muscheln und Pommes frites im Kerzenschein, gute Bierauswahl. À la carte 20 £.

Pierre Victoire (**B** B3)
→ *5 Dean Street W1, Tel. 7287 4582, Mo–Mi 12–23, Do–Sa 12–23.30 Uhr (So 22.30 Uhr)*
Das einfache und gemütliche Restaurant liegt mitten in Soho. Kleine Holztische, Kerzenleuchter, eine gute Küche und Klavierbegleitung ab 19.30 Uhr. À la carte 25 £.

Chinatown (**B** B2)
Ein paar Straßen nördlich vom Leicester Square liegt das chinesische Viertel mit einer großen Auswahl an Restaurants.

Golden Dragon
→ *28–29 Gerrard St. W1, Tel. 7734 2763*

Golden Harvest
→ *17 Lisle St. WC2, Tel. 7287 3822*

Harbour City
→ *46 Gerrard St. W1, Tel. 7439 7859*

Fung Shing
→ *15 Lisle St. W1, Tel. 7437 1539*

TEE, KAFFEE, GEBÄCK

Momo (**B** A4)
→ *25 Heddon St. W1, Tel. 7734 3999, Mo–Mi 11–23, Do–Sa 12–24 Uhr*
Pfefferminztee, zuckersüße Köstlichkeiten, Sitzkissen, Teppiche und Kupfertabletts: Die Illusion eines Zwischenstopps in Nordafrika ist perfekt.

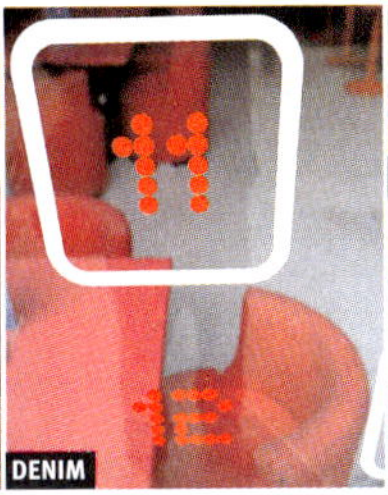
DENIM

RECKLESS RECORDS

HAMLEYS

Bars, Pubs und Musik

Lamb & Flag (**B** C4)
→ *33 Rose St. WC2, Tel. 7497 9504, Mo–Sa 11–23, So 12–22.30 Uhr*
Ältester Pub von Covent Garden. Wenn es bei schönem Wetter voll wird, trinkt man seinen Schoppen auch im Stehen auf der Straße. Große Whisky-Auswahl.

Denim (**B** C4)
→ *4A Upper St. Martin's Lane WC2, Tel. 7497 0376, Mo–Sa 17–1.30 Uhr (Winter), Mo–Sa 14.30–1.30 Uhr (Sommer)*
Die Ausstattung vermischt Stilmittel aus Futurismus, Pop Art und Siebzigerjahren. Die Farbgebung in Violett- und Rottönen schafft eine freundliche Atmosphäre und ist so facettenreich wie die ausführliche Cocktailkarte.

Alphabet (**B** A4)
→ *61–63 Beak St. W1, Tel. 7439 2190, Mo–Fr 12–23 Uhr*
Eine Bar, die seit ihrer Eröffnung 1998 gleich bleibend gut besucht ist. Die Gründe des Erfolgs? Der auf den Fußboden gemalte Stadtplan von Soho, die Autositze, die als Sessel dienen und eine lockere Atmosphäre. Cocktails, Wein und Flaschenbier.

Ronnie Scott's (**B** B3)
→ *47 Frith St. W1, Tel. 7439 0747, Mo–Sa 20.30–3 Uhr*
Von außen eher unscheinbar, verbirgt sich hier ein legendärer Jazzclub, in dem weltberühmte Stars wie Ella Fitzgerald oder Michel Petrucciani aufgetreten sind. Gedämpftes Licht und Tanz an manchen Abenden. Reservierung empfohlen.

London Coliseum (**B** C4)
→ *St Martin's Lane WC2, Tel. 7632 8300,*
Beliebte Oper, deren Kuppel zum Symbol des Londoner West End avancierte. Alle Stücke werden hier in englischer Sprache gesungen. Jeden Tag gibt es an der Kasse des prunkvollen Gebäudes 100 Platzkarten für den Balkon zum Preis von je 3 £ (ab 10 Uhr).

Einkaufen

Milroy's of Soho (**B** B3)
→ *3 Greek St. W1, Tel. 7437 9311, Mo–Sa 10–20 Uhr (Bar 23 Uhr)*
In diesem einzigartigen Whiskygeschäft bleiben die wahren Kenner unter sich. 300 verschiedene Sorten können an der Bar im Erdgeschoss probiert werden, 600 stehen im Untergeschoss zum Verkauf, darunter erlesene Tropfen wie Port Ellen oder Dallas Dhu. Flaschen 15–1000 £.

Berwick Street (**B** B3)
Schallplattengeschäfte für jeden Geschmack.

Reckless Records (Nr. 30)
→ *Tel. 7437 4271*
Neuware und Gebrauchtes.

Selectadisc (Nr. 34)
→ *Tel. 7734 3297*
Indie.

Daddy Kool (Nr. 12)
→ *Tel. 7437 3535*
Reggae.

Mr CD (Nr. 80)
→ *Ohne Telefonnummer*
Rock.

Ambient Soho (Nr. 4)
→ *Tel. 7437 0521*
Soul und Dance.

Liberty (**B** A3)
→ *214 Regent St. W1, Tel. 7734 1234, Mo–Mi 10–18.30 (Do 20 Uhr), Fr–Sa 10–19, So 12–18 Uhr*
Die Marke machte sich mit ihren wunderschönen Stoffen weltweit einen Namen; der Laden ist und bleibt eine zentrale Anlaufstelle für die Kollektionen junger Modeschöpfer.

Gieves & Hawkes (**B** A4)
→ *1 Savile Row W1, Tel. 7434 2001, Mo–Do 9.30–18.30, Fr 9–18, Sa 10–18 Uhr*
Ob sich Phileas Fogg, der in der Savile Row wohnte, wohl bei Hawkes eingekleidet hat? Das berühmte Geschäft von 1785 ist für seine Herrenbekleidung bekannt.

Hamleys **B** A4)
→ *188–196 Regent St. W1, Tel. 087 0333 2455, Mo–Fr 10, Sa 9.30–20, So 12–18 Uhr*
Eine Unmenge an Spielen und an Spielzeug auf sieben Etagen. In allen Abteilungen finden kleine Vorführungen statt. Kindheitsträume werden wahr bei dem Besuch dieser weltweit wohl größten »Traumfabrik«.

The Tea House (**B** C3)
→ *15A Neal St. WC2, Tel. 7240 7539, Mo–Sa 10.30–19, So 12–18 Uhr*
Tee aus Südafrika, Lateinamerika, Japan und China mit Kiwigeschmack oder Christmas-pudding-Aroma … Neben mehr als 200 verschiedenen Teesorten gibt es hier alles wichtige Zubehör zur perfekten Zubereitung.

ROYAL OPERA HOUSE

COURTAULD GALLERY

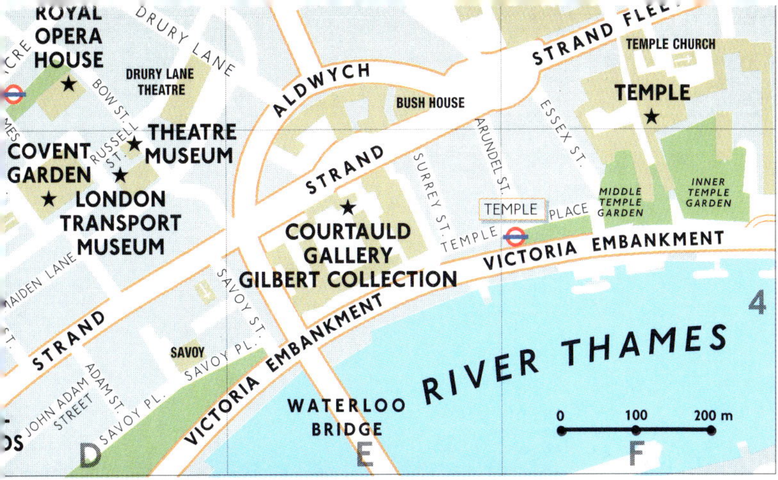

THEATRE MUSEUM

ST MARTIN-IN-THE-FIELDS

ondon Transport
seum (**B** D4)
vent Garden Piazza WC2,
379 6344,
Do 10–18, Fr 11–18 Uhr
ner alten Trambahn
en, einen Bus steuern?
möglich in diesem
eum zum Mitmachen,
zeigt, wie sich Londons
ntliches Verkehrssystem
1824 entwickelt hat.

ourtauld Gallery/
ert Collection (**B** E4)
omerset House, Strand
, Tel. 7848 2526,
10–18 Uhr
neoklassizistische
erset House beherbergt
staatliche Kunstsamm-
en. Während die Gilbert Collection 800 kostbare Exponate (darunter Silber- und Goldgegenstände sowie Mosaike) vereint, verdankt die Courtauld Gallery ihren Ruhm den gezeigten impressionistischen und postimpressionistischen Gemälden: Mit Manet, Monet, Gauguin, Pissarro, Renoir, Van Gogh, Cézanne, Modigliani sind nahezu alle großen französischen Meister vertreten. In der Ausstellung finden sich zudem 32 Werke von Rubens, eine Trinität von Botticelli und Gouachen von Rouault. Mo 10–14 Uhr Eintritt frei.

★ Temple (**B** F3)
Dieses Viertel, einst im Besitz der Tempelritter, bildet einen Bezirk für sich innerhalb der Stadt. Bereits im 14. Jahrhundert siedelten sich hier Rechtsanwaltsschulen an. Auch heute noch lernen und arbeiten hier Jurastudenten und Anwälte. Rund um Middle Temple Lane empfängt den Besucher ein Labyrinth schmaler Gässchen und kleiner Hinterhöfe. Hier befindet sich auch die berühmte Middle Temple Hall, wo 1600 Shakespeares Stück *Twelfth Night, or what you will* (*Was ihr wollt*) vor den Juristen des Middle Temple Premiere feierte.

★Royal Academy of Arts (**B** A4)
→ Burlington House W1, Tel. 7300 8000, tägl. 10–18 (Fr 22 Uhr)
Hier findet zwischen Juni und August eine Ausstellung zeitgenössischer Kunst statt, die kein wirklich interessierter Kunstliebhaber verpassen darf!

★ St Martin-in-the-Fields (**B** C4)
→Trafalgar Square WC2, Tel. 7766 1100, Mo–Fr 8–18.30, Sa 9–18.30, So 8–19.30 Uhr
Eine Kirche, die einem antiken Tempel ähnelt, aber von einem Glockenturm überragt wird. Ein seltsames Bauwerk.

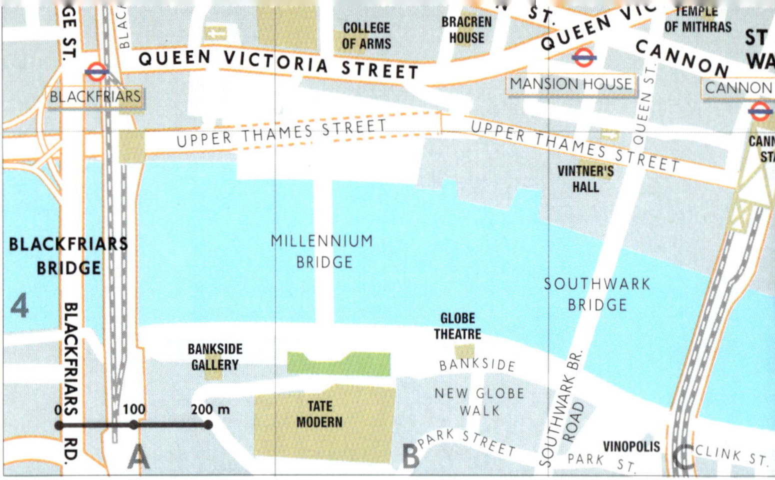

ST STEPHEN WALBROOK

MONUMENT

BANK OF ENGLAND MUSEUM

★ **Tower of London** (**C** F4)
→ *Tower Hill EC3,*
Tel. 7709 0765, März–Okt.
Mo–Sa 9–18, So 10–18 Uhr;
Nov–Feb. Mo–Sa 9–17,
So–Mo 10–17 Uhr
Gewaltige mittelalterliche Trutzburg, die Wilhelm der Eroberer auf dem Tower Hill zur besseren Kontrolle der Themse erbaute. Im Lauf der Zeit diente der Tower als Festung, Gefängnis, Folterkammer, Richtstätte und Schatzkammer (im Jewel House befinden sich die Kronjuwelen). Die etwas spöttisch »Beefeaters« genannten Yeaman Wardens in rot-goldenen Tudor-Uniformen wurden 1485 zum Schutz des Tower berufen und führen heute Touristen herum.

★ **St Bartholomew the Great** (**C** B2)
→ *Church House Clothfair EC1,*
Tel. 7606 5171, Di–Fr 8.30–17 Uhr (Nov.–Jan. 16 Uhr),
Sa 10.30–13.30, So 8.30–13, 14.30–20 Uhr
Londons zweitälteste Kirche (12. Jh.). Nach dem Verbot der Religionsorden (16. Jh.) wurde sie bis ins 19. Jahrhundert hinein zweckentfremdet – das Querschiff diente zeitweilig als Schmiede, die Krypta als Keller, die Lady Chapel zunächst als Wohnung, dann als Druckerei, der Kreuzgang als Stall. Mit Rundbögen und Säulen zeigt die Kirche normannische Baukunst.

★ **Museum of London**
(**C** B2)
→ *London Wall EC2,*
Tel. 7600 0807, Mo–Sa 10–17.50; So 12–17.50 Uhr
(Kostenloser Eintritt)
Ein spannendes Museum über die Geschichte von London und das Alltagsleben seiner Bewohner vom römischen Londinium bis zur modernen Metropole. Rekonstruktion des großen Feuers von 1666, Modell der London Bridge, Alltagsgegenstände und Kleidung.
Ab 16.30 Uhr freier Eintritt.

★ **St Paul's Cathedral** (**C** B3)
→ *St Paul's Churchyard E*
Tel. 7236 4128,
Mo–Sa 8.30–16 Uhr
Am Ende des Zweiten W kriegs ragte die Kathed Meisterwerk des Archite ten Christopher Wren, v intakt aus dem umliege den Trümmerfeld. Die b rühmte Kuppel wurde 1 nach 26-jähriger Bauze vollendet und in ihrer G lange Zeit nur von der d Petersdoms in Rom übe troffen. Von der Golden lery aus eröffnet sich ei atemberaubender Blick über die Stadt. Auch die Innendekoration ist bee

TOWER OF LONDON

ST PAUL'S CATHEDRAL

MUSEUM OF LONDON

Die Geschäftszone von London, Bankenzentrum und unter der Woche voller Leben, gleicht am Wochenende einer Geisterstadt. Wer etwas Besonderes einzukaufen hofft, ist hier am falschen Platz. Dafür laden jene Baudenkmäler, die von der Brandkatastrophe 1666 und von den Luftangriffen im Zweiten Weltkrieg verschont geblieben sind, dazu ein, Londons Vergangenheit nachzuspüren. Das Gewirr kleiner Gässchen öffnet sich immer wieder auf manch überraschenden Kontrast: Moderne Hochhauspaläste stehen neben alten Pubs; Banken oder Versicherungen finden sich unmittelbar neben einer der fast 40 Kirchen dieses Viertels.

MOSHI MOSHI SUSHI

ST JOHN

Restaurants

Arkansas Café (**C** F2)
→ *Unit 12, Old Spitafields Market E1, Tel. 7377 6999, Mo–Fr 7.30–16 Uhr, So 12–16.30 Uhr*
In unmittelbarer Nähe des Biomarktes Spitafields werden hier die besten Hamburger und Grillbraten der Stadt angeboten. Circa 10 £.

The Place Below (**C** C3)
→ *St Mary-le-Bow, Cheapside EC2, Tel. 7329 0789, Mo–Fr 7.30–15.30 Uhr*
Vegetarisches Restaurant, untergebracht in der Krypta einer Kirche. Wenn das nicht »mega-in« ist! Gewölbe ohne Tageslicht, kleine Holztische, Selbstbedienungstheke. Circa 14 £.

Fox & Anchor (**C** A1)
→ *115 Charterhouse St. EC1, Tel. 7253 5075, Mo–Di 7–15, Mi–Do 7–19, Fr 7–20.30 Uhr*
Ein Pub, der für seine köstlichen Steaks und sein üppiges englisches Frühstück bekannt ist. Die ungewöhnlichen Öffnungszeiten machen ihn zum frühmorgendlichen Treffpunkt von Nachtclubbesuchern und Arbeitern des Viertels. Menüs 7–12 £.

Moshi Moshi Sushi (**C** E2)
→ *Unit 24, Liverpool St. Station (Platform 1) EC2, Tel. 7247 3227, Mo–Fr 11.30–21.30 Uhr*
Eine Sushi-Bar in einem verglasten Raum hoch über den Bahnsteigen des Bahnhofs Liverpool Street. Zur Mittagszeit finden sich hier viele Angestellte der Stadt zum Essen ein. À la carte 15 £.

St John (**C** A1)
→ *26 St John St. EC1, Tel. 7251 0848, Mo–Fr 12–15, 18–23 Uhr, Sa 18–23 Uhr*
Gegrillte Schweineschwänze mit rotem Senf, geräucherter Aal mit Speck und Erbsen: Innovative Küche, die mit den traditionellen Zutaten englischer Rezepte spielt – eine beliebte Anlaufstelle vieler Stars aus der Unterhaltungsbranche. À la carte 30 £.

One Lombard Street (**C** D3)
→ *1 Lombard St. EC3, Tel. 7929 6611, Mo–Fr 7.30–10, 12–15, 18–22 Uhr*
Erlesene Küche, die die Handschrift eines Chefs trägt, der bei den Größten des Faches in die Schule ging: Spargel, *peconimo* und Paprikapüree, Blät-

LD

LASSCO

terteigpastete mit geräuchertem Schellfisch und Wachteleiern, Lamm und Pfefferminz-Bouillon. À la carte 60 £.

Café, Bars, Pubs

Feast (**C** A1)
→ *86 St John St. EC1, Tel. 7253 7007, Mo–Fr 7.30–16.30 Uhr*
Ein nettes, einfaches Café, in dem man ein gutes Sandwich oder ein Stück Kuchen essen oder einfach etwas trinken kann.

Dickens Inn (**C** F4)
→ *St Katharine's Way E1, Tel. 7488 2208, Mo–Sa 11–23, So 12–22.30 Uhr*
Von den begrünten Balkonen dieses Pubs aus kann man einen phantastischen Blick über die Docks und die Tower Bridge genießen.

Twentyfour (**C** D2)
→ *Tower 42, Old Broad St. EC2, Tel. 7877 2424, Mo–Fr 11–23 Uhr*
Um einen wirklichen Eindruck von der City zu erlangen, empfiehlt es sich, die moderne Bar im 24. Stock des ehemaligen Natwest Tower zu besuchen. Der Panoramablick umfasst das ganze Viertel. Um zwischen den Geschäftsleuten nicht aufzufallen, wird auch von Touristen eine korrekte Kleidung verlangt.

Vertigo 42 (**C** D2)
→ *Tower 42 Old broad St., Tel. 7877 7842, Mo–Fr 12–15, 17–22 Uhr*
In 70 m Höhe gelegene Bar mit außergewöhnlichem Ausblick über die Stadt. Um dies richtig zu genießen können, sollte man ein Glas Champagner trinken – die Spezialität des Hauses, das davon 30 Sorten hat! Frühstück und Abendessen. Reservierung empfehlenswert, schon aus Gründen der Sicherheit.

The Blackfriar (**C** A3)
→ *174 Queen Victoria St. EC4, Tel. 7236 5474, Mo–Sa 11–23 Uhr*
Extrem beliebter Pub im etwas drolligen, aber schönen *Arts-and-Crafts–Stil* mit einer Sammlung von Mönchsskulpturen.

Kulturzentrum

Barbican Arts Centre Arts Centre
(**C** C2)
→*Silk St. EC2, Tel. 7638 8891, www.barbian.co.uk*
Konzerte, Kunstgraphiken, Theater, Kino... Mostly Mozart Festival oder Fotoausstellungen zeitgenössischer Künstler – das Zentrum bietet ein breites Spektrum an Kunstevents.

Shopping

Simply Sausages (**C** A2)
→ *341 Central Market, Charterhouse St. EC1, Tel. 7329 3227, Mo–Fr 8–18, Sa 9.30–14 Uhr*
Warum zur Erinnerung an das englische Frühstück keine kleinen Würstchen mit nach Hause nehmen? Die hier verkauften verdienten es jedenfalls: Sie sind von bester Qualität und beinhalten überraschende Zutaten wie Guinness-Bier oder Orange.

A. Gold (**C** F2)
→ *42 Brushfield St. E1, Tel. 7247 2487, Mo–Fr 11–20, So 11–18 Uhr*
Typisch britische Produkte, in traditioneller Weise hergestellt und in einem charmanten Geschäft im Cottage-Stil verkauft. Salziges: Käse, Pies mit Speck oder *Bedfordshire clanger* (mit Schweinefleisch und Äpfeln gefüllter Blätterteig). Süßes: Kuchen, Lebkuchen, Marmelade.

Hackett (**C** E2)
→ *117 Bishopsqate EC2 Tel. 76267020 Mo–Fr 11-19 Uhr*
Klassische Männermode in typisch britischem Stil. Hackett bietet eine dem heutigen Geschmack angepasste traditionelle Eleganz.

LASSCo (**C** D1)
→ *St Michael's Church, Mark St. EC2, Tel. 7749 9940, Mo–Fr 9.30–17.30 Uhr, Sa 10–17 Uhr*
Unterm Dach einer zweckentfremdeten Kirche: Eingangstore, Steintreppen, Brunnen... Ein Sammelsurium von riesigem Ausmaß!

Lesley Craze Gallery/ Craze 2/C2+ (**C** A1)
→ *33–35 Clerkenwell Green EC1, Tel. 7608 0393, Mo–Sa 10–17.30 Uhr*
Drei Geschäftsgalerien, die sich auf Arbeiten junger Künstler spezialisiert haben. Moderne Stoffe bei C2+, Schmuck bei Craze 2, kostbare Kleinigkeiten bei Lesley Craze. Von 20 £ für ein Paar Ohrringe bis zu über 5000 £ für eine Vase.

GUILDHALL

ST BARTHOLOMEW THE GREAT

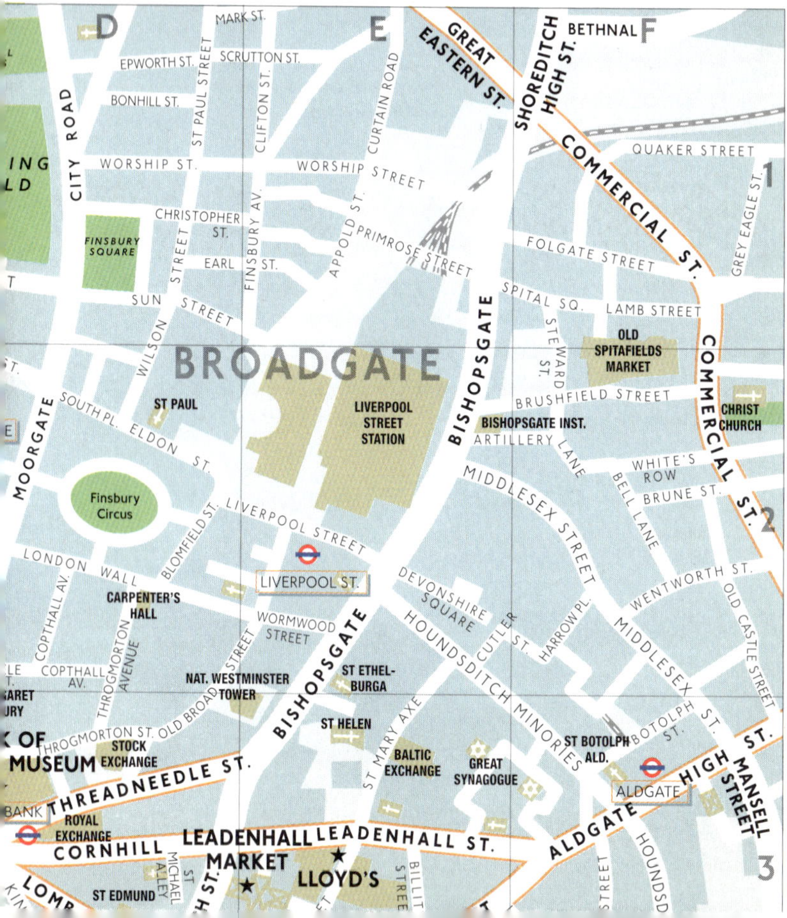

DENHALL MARKET

LLOYD'S

ckend: Grinling Gibbons nitzte das Chorgestühl, nes Thornill schmückte Kuppel mit Fresken über s Leben des heiligen Pau- aus. In der Krypta be- den sich die Gräber von en und Nelson.

Guildhall (**C** C2)
Gresham St. EC2,
7332 2000,
–Sa 9–17 Uhr
ter der eindrucksvollen sade (18. Jh.), die goti- e, griechische und orien- sche Elemente vereint, birgt sich das adminis- ive Zentrum der City. r tagt jeden dritten Don- stag der Gemeinderat; r wählen die Mitglieder der traditionellen Gilden seit 1319 den Bürgermeister der City of London. Im gro- ßen Saal, dessen Wände die Wappen der verschiede- nen Gilden schmücken, fin- den unter anderem Staats- empfänge statt.

★ Bank of England Museum (**C** D3)
→ Bartholomew Lane EC2,
Tel. 7601 5545,
Mo–Fr 10–17 Uhr
Dokumentiert die 300-jäh- rige Geschichte der Bank of England,illustriert deren Rol- le als nationale Notenbank, zeigt Filme über das Geld- drucken und vermittelt einen Eindruck vom britischen Finanzwesen. Eintritt frei.

★Leadenhall Market (**C** E3)
→ Whittington Ave. EC3,
Mo–Fr 7–16 Uhr
Von Horace Jones entworfe- ne schmiedeeiserne Markt- hallen aus viktorianischer Zeit. Hier trinken die Ban- ker und Börsianer mittags gerne ihren Kaffee.

★ Lloyd's (**C** E3)
→ Lime St. EC3,
Noch immer stark umstrit- ten: Der 1986 fertig gestell- te gläserne Hightech-Turm der Versicherungsgesell- schaft Lloyd's of London. Bei dem von Richard Ro- gers entworfenen Gebäude sind die Rohre, Stahlträger und Versorgungsleitungen außen angebracht.

★ St Stephen Walbrook (**C** C3)
→ 39 Walbrook EC4, Tel. 7626 8242, Mo–Do 10–16 (Fr 15 Uhr)
Hinter einer schmucklosen Fassade mit kleinen Lichtlö- chern verbirgt sich ein wah- rer Schatz, den Christopher Wren erbaute, und der von Kennern für Londons schöns- te Kirche gehalten wird.

★ Monument (**C** D4)
→ Monument St. EC3,
Tel. 7626 2717,
tägl. 9.30–17.30 Uhr
Die 62 Meter hohe Säule wurde zur Erinnerung an den großen Brand (1666) erbaut. Eine Marmortreppe führt bis nach oben in die Spitze.

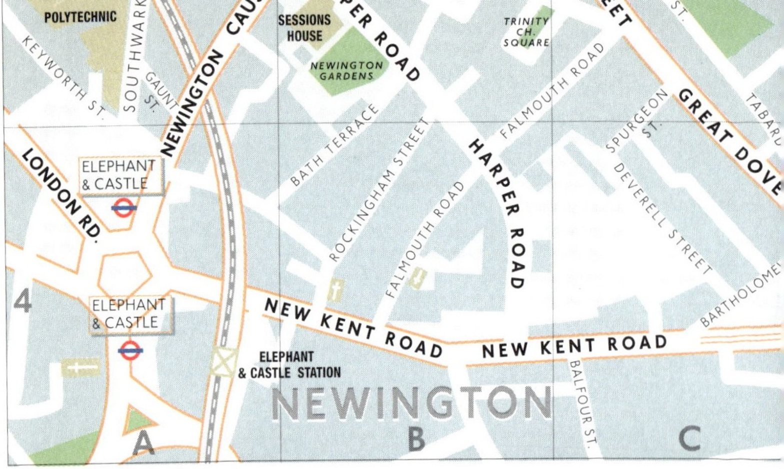

OLD OPERATING THEATRE

VINOPOLIS

HAY'S WHARF

★ **Design Museum** (**D** F2)
→ *28 Shad Thames SE1, Tel. 7940 8790, Mo–Fr 10–17.45 Uhr (Fr 21 Uhr)*
Hier gelangen die Alltagsgegenstände in ihrer ganzen Farben- und Formenvielfalt zu Ehren! Stühle, Telefonapparate und Waschmaschinen zeugen von den ästhetischen Revolutionen, die die erste Welle des industriellen Zeitalters mit sich brachte. Wechselausstellungen zu aktuellen Trends und neuen technischen Entwicklungen.

★ **Tower Bridge** (**D** E1)
→ *Tel. 7403 3761, tägl. 9.30–18 Uhr*
Eines der bekanntesten Wahrzeichen Londons. Der Zuckerbäckerstil der Tower Bridge erinnert an die viktorianischen Zeiten, in denen England eine wichtige Seemacht mit starkem Schiffsverkehr auf der Themse war. In den beiden Türmen verbirgt sich ein komplexes Hydrauliksystem, durch das sich die Brücke in Bewegung setzen lässt. Ein kleines Museum widmet sich der Brückengeschichte. Guter Ausblick von den *walkways* und vom Fußgängersteg, der die Türme verbindet.

★ **HMS Belfast** (**D** D1)
→ *Morgan's Lane SE1, Tel.7940 6300, März–Okt. tägl. 10–18, Nov.–Feb. tägl. 10–17 Uhr*
Europas größtes Kriegsschiff, von 1938 bis zum Ende des Koreakrieges 1953 im Einsatz.

★ **Hay's Wharf** (**D** D1)
Im 19. Jahrhundert vibrierten die Kaianlagen der Themse im Rhythmus des Beladens und Entladens von Handelsschiffen. Die beiden imposanten roten Backsteingebäude, die sich im Wasser spiegeln, waren damals Zwischenlager für Butter und Gewürze. Der Weg von der einen zur anderen Seite führt unter einer bis zu 30 Meter hohen gewölbten Stah Glas-Konstruktion entl. Nach ihrer gelungenen Renovierung beherberg die Hay's Galleria nun Cafés, Restaurants unc kleine Geschäfte.

★ **London Dungeon** (**D** D2)
→ *28–34 Tooley St. SE1, Tel.7403 7221, tägl. 10–1; Uhr (Juli–Aug. 19.30, Nov–März 10.30–17 Uhr)*
Wachsfiguren, finstere Gänge, dunkle Kerker - Angst und Schrecken d britischen Geschichte anhand markanter hist scher Ereignisse. Kein Einlass für Kinder unte 10 Jahren.

TOWER BRIDGE

TATE MODERN

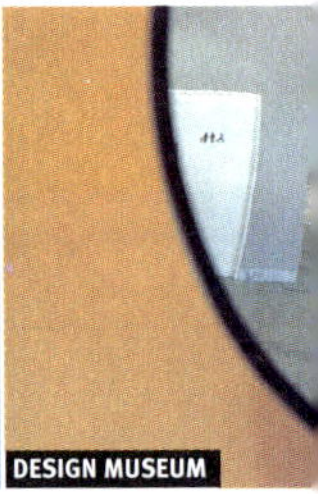
DESIGN MUSEUM

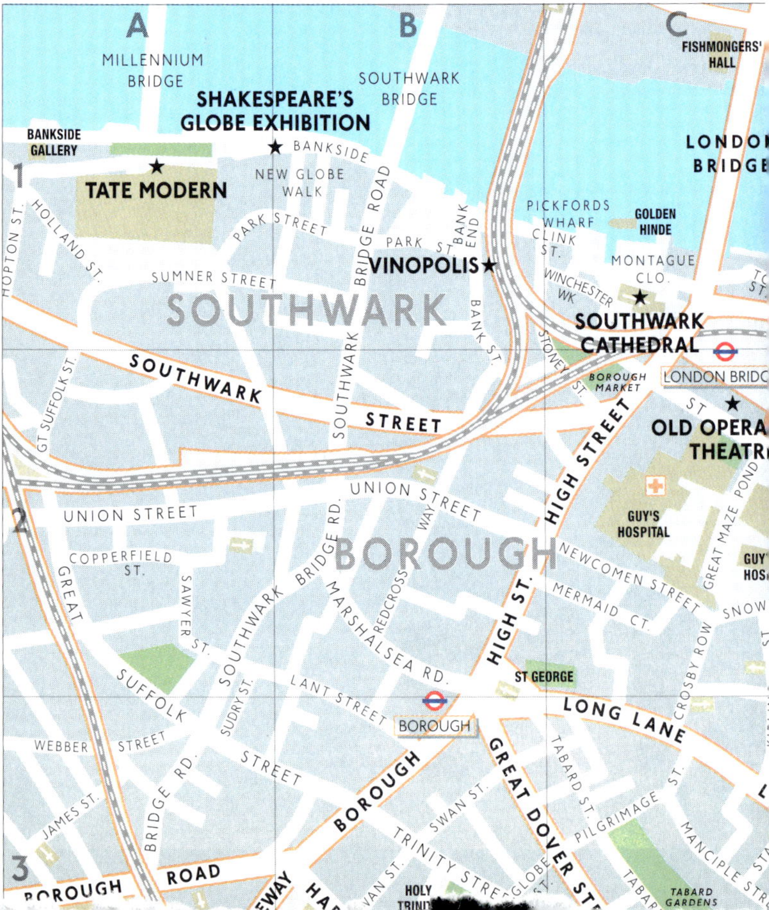

Southwark Borough, ein eher armes Viertel, wurde städtebaulich lange Zeit stark vernachlässigt. Nachdem 1950 die Docks, die zuvor einen gewissen Wohlstand gesichert hatten, geschlossen wurden, verwaiste die Gegend am Südufer der Themse zusehends. Erst mit der Eröffnung des Design Museums (1989) und der Tate Modern (2000) kam ein gewisser Umschwung. Zwischen beiden Museen zieht sich der Queen's Walk, eine schöne Promenade am Flussufer. Dort leben nun Mitglieder der gehobenen Gesellschaft, weiter südlich ist die Stimmung ursprünglicher geblieben.

CANTINA DEL PONTE

FISH!

RESTAURANTS

Manze's (**D** E3)
→ *87 Tower Bridge Rd. SE1, Tel. 7407 2985, Mo 11–14, Di–Fr 10.30–14, Fr 10–14.15, Sa 10–14.45 Uhr*
Gerichte wie *pie, eels and mash* (Pie, Kartoffelpüree und Aal) stehen für die typische traditionelle Londoner Küche. Zum Mitnehmen oder zum Verzehr in einem kantinenähnlichen Raum. Anziehungspunkte sind sowohl der Ort als auch die gebotene Küche. Circa 4 £.

El Vergel (**D** B2)
→ *8 Lant St. SE1, Tel. 7357 0057, Mo–Fr 8.30–15 Uhr*
Lateinamerikanischer Wirt, 5 Minuten von Borough Tube entfernt. Kleiner Raum, gute Salate und mexikanische Sandwiches. Spezialität: Die *torta mexicana sandwich* (Avocadocreme, Huhn und Bohnen).
À la carte 5–7 £.

Cantina del Ponte (**D** F2)
→ *Butlers Wharf Building, 36C Shad Thames SE1, Tel. 7403 5403, tägl. 12–15, 18–23 (So 22 Uhr)*
Italienische und allgemein südländisch gefärbte Küche in einem ehemaligen Gewürzdepot. Sonnige Terrasse am Themseufer.
Menü 11–13,50 £.

Fish! (**D** C1)
→ *Cathedral St. (Borough Market) SE1, Tel. 7407 3803, Mo–Sa 11–23.30 Uhr*
Die Konstruktion aus Eisen und Glas vermittelt den Eindruck eines Aquariums! Köstliche Fischgerichte (je nach Tagesangebot). À la carte 24 £.

Fina Estampa (**D** D2)
→ *150 Tooley Street SE1, Tel. 7403 1342, Mo–Sa 12–15, 18.30–22.30 Uhr*
Das einzige peruanische Restaurant in London. Im Untergeschoss eine Bar, im 1. Stock ein Restaurant. Von den Plätzen am Fenster hat man einen schönen Blick auf die Tower Bridge.
À la carte 30 £.

Blue Print Café (**D** F2)
→ *Design Museum, Butlers Wharf SE1, Tel. 7378 7031, Mo–Sa 12–15, 18–23; So 12–15 Uhr*
Geschmackvolle Ausstattung in Royalblau und eine ganzjährig offene Terrasse. Schöne Aussicht auf Themse und Tower Bridge.
À la carte 30 £.

VINOPOLIS WINE WHARF

NEAL'S YARD DAIRY

FTDZIGN

Café

Borough Café (**D** C2)
→ *Borough Markt, Mo–Fr 5.45–16, Sa 5.45–14.30 Uhr*
Lust auf ein typisch englisches Frühstück? Das »greasy spoon breakfast« im Herzen dieses belebten Viertels ist eines der Besten. Kalorienarme Version für empfindliche Mägen. Um die 5 £.

Bars, Pubs und Diskotheken

George Inn (**D** B3)
→ *77 Borough High St. SE1, Tel. 7407 2056, Mo–Sa 11–23, So 12–22.30 Uhr*
Im Winter wärmt man sich am Kamin, im Sommer kann man im Hof die Ruhe und den Blick auf die wunderschöne Fassade des Hauses genießen. Köstliches selbst gebrautes Bier.

Vinopolis Wine Wharf (**D** B1)
→ *1 Bank End SE1, Tel. 7940 8335, Mo–Sa 11.30–23 Uhr*
Unter den hohen Steinbögen einer ehemaligen Brücke liegt diese Weinbar, die mehr als 300 gute offene Weine anbietet. Dazu abgeschirmt in einer Ecke eine kleine Tapas-Bar.

Old Thameside Inn (**D** C1)
→ *1 Clink St. (Pickfords Wharf) SE1, Tel. 7403 4243, Mo–Sa 11–23, So 12–22.30 Uhr*
Große Terrasse über der Themse, Billardtische im Untergeschoss, Blick auf die St. Paul's Cathedral und die *Golden Hinde* (ein zum Museum umgewandeltes Schiff, 16. Jh.). Ein weitläufiger Pub, der besonders von den Spaziergängern auf dem Queen's Walk geschätzt wird.

River Bar (**D** E2)
→ *206 Tower Bridge Rd. SE1, Tel. 7407 0968, tägl. 11–23 Uhr*
Gelbe Wände, blaue Kacheln und große Fenster: eine fröhliche und gemütliche Bar. Abends treten Musikgruppen im Untergeschoss auf.

Ministry of Sound (**D** A3)
→ *103 Gaunt St. SE1, Tel. 7378 6528, Fr 22.30–5, Sa 23–8 Uhr*
Techno- und House-Musik in einer Diskothek mit beeindruckender Akustik. Im *The Baby Box* genannten Raum zu tanzen, ist für jeden ein unvergessliches Erlebnis.

The Anchor (**D** B1)
→ *34 Park St. SE1, Tel. 7407 1577, Mo–Sa 11–23, So 12–22.30 Uhr*
Dieser 1770 erbaute Pub hat sich sein ursprüngliches Labyrinth kleiner halbdunkler Räume bewahrt. Im Sommer lädt die Terrasse mit Holztischen dazu ein, ein Gläschen am Ufer der Themse zu trinken.

Shopping

Le Pont de la Tour Food Store (**D** F2)
→ *36D Shad Thames, Butlers Wharf SE1 Tel. 7403 4030, tägl. 9–20 Uhr (Sa/So 18 Uhr)*
Köstliche Sandwichs für ein improvisiertes Picknick am Ufer der Themse. Gut sortiertes Feinkostgeschäft, in welchem beste britische Produkte durch orientalische Angebote ergänzt werden.

Neal's Yard Dairy (**D** B1)
→ *6 Park St. SE1, Tel. 7645 3555, Mo–Fr 9–18, Sa 8–16 Uhr*
Auf den Regalen stapeln sich bis unter die Decke Käseräder und überragen damit haushoch alle Kunden. Die meisten kommen hierher, um die »farmhouse cheeses« zu erstehen, die das Käsegeschäft als Spezialität anbietet.

The Christmas Shop (**D** D1)
→ *55A Hay's Galleria, Tooley St. SE1, Tel. 7378 1998, Mo–Fr 9.45–17.30, Sa–So 11–17 Uhr*
Alle Weihnachtsdekorationen, die man sich nur erträumen kann.

Bermondsey Market (**D** D3)
→ *Bermondsey St. SE1, Fr 5–14 Uhr*
Jeden Freitag erobern Antiquitäten-Stände die Straßen des Viertels, sonst eher für die günstigen Möbelgeschäfte bekannt. Man trifft viele Profis, ein Zeichen, dass man hier gute Geschäfte machen kann – sofern man in aller Frühe aufzustehen bereit ist!

Ftdzign (**D** D2)
→ *Globe House, 2A Crucifix Lane SE1, Tel. 7357 0772, Mo–Sa 10.30–19 Uhr*
Die runden Formen der leuchtend roten Sessel lassen an die Zeit zwischen 1930 und 1950 denken. Lilafarbene, von Zandra Rhodes verzierte Paravents.

SHAKESPEARE'S GLOBE EXHIBITION

SOUTHWARK CATHEDRAL

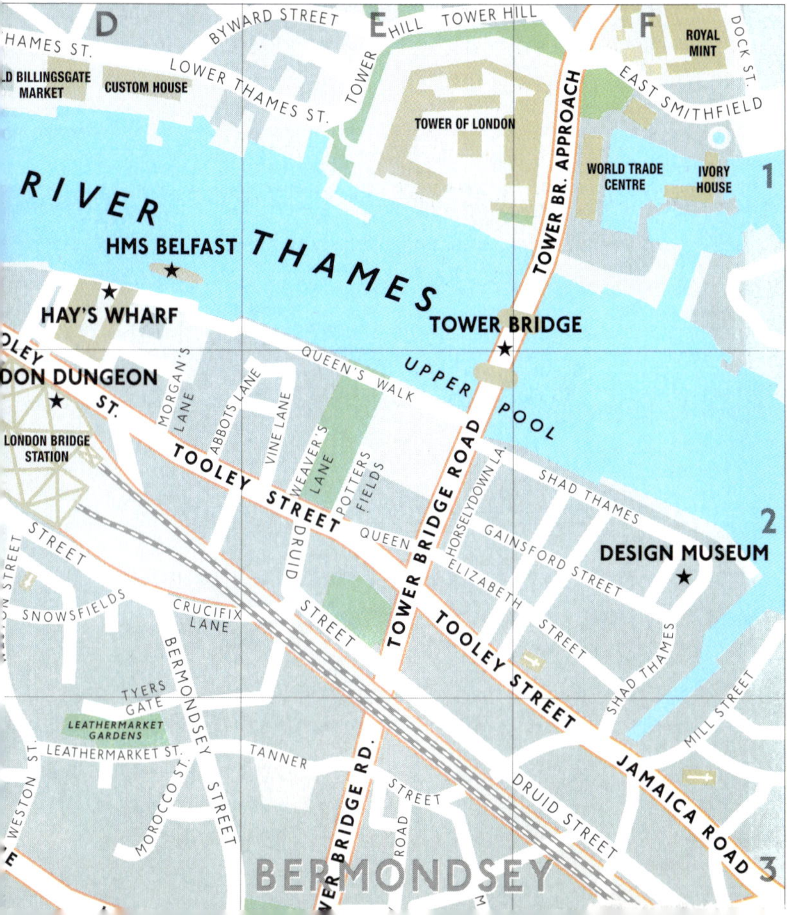

LONDON DUNGEON

HMS BELFAST

Old Operating eatre (**D** C2)
9A St Thomas St. SE1, 7955 4791, l. 10.30–17 Uhr
Chirurgie zu Zeiten, als noch keine Desinfek- ns– oder Betäubungs- tel gab... Beim Umzug s Krankenhauses im Jahr 52 vergessen, ist dieser erationssaal in seinem stigen Zustand geblie- n. Eintritt 3 £.

Southwark Cathedral C1)
Montague Close SE1, 7367 6722, tägl. 18 Uhr
er der wenigen mittel- erlichen Überreste in diesem Viertel. Die Kirche wurde mehrfach umgebaut, doch blieben bis heute der Chor und der Chorumgang des früheren gotischen Gotteshauses (1273) erhalten. Das Triforium ist denjenigen in Chartres und Reims nachempfunden. Bemerkenswerte Ritterskulptur (18. Jh.).

★ **Vinopolis** (**D** B1)
→ 1 Bank End SE1, Tel. 08 7044 44777, tägl. 12–18 Uhr (Mo, Fr, Sa 21 Uhr; Dez. tägl. 11–17 Uhr), Eintritt 2 Stunden vorher
Eine Reise zu den unterschiedlichen Weinkulturen der Welt. Natürlich darf das Wichtigste nicht fehlen: die Weinprobe unter fachkundiger Anleitung (Kein Ausschank an Minderjährige).

★ **Shakespeare's Globe Exhibition** (**D** B1)
→ New Globe Walk SE1, Tel. 7902 1500, Okt.–April tägl. 10–17 Uhr, Mai–Sept. tägl. 9–12 Uhr
Dem Theater angeschlossene Schau, die mit Hilfe von Beispielen aus dem 17. Jahrhundert die Geschichte des elisabethanischen Theaters dokumentiert.

★ **Tate Modern** (**D** A1)
→ Bankside SE1, Tel.7887 8000, tägl. 10–18 Uhr (Fr/Sa 22 Uhr)
Unter den Schweizer Architekten Herzog und de Meuron ist mit dieser Dependance der Tate Gallery in London endlich ein internationales Museum für moderne Kunst entstanden. In dem stillgelegten Kraftwerk Bankside Power Station ersetzen nun wechselnde thematische Ausstellungen die einstigen Dampfkessel und Turbinen. Ein Glaskasten auf dem Dach des Kesselhauses versorgt die Galerien tagsüber mit Licht. In der bis zu 35 Meter hohen Empfangshalle begrüßt eine riesige Spinne von Louise Bourgeois die Besucher.

IMPERIAL WAR MUSEUM

LONDON AQUARIUM

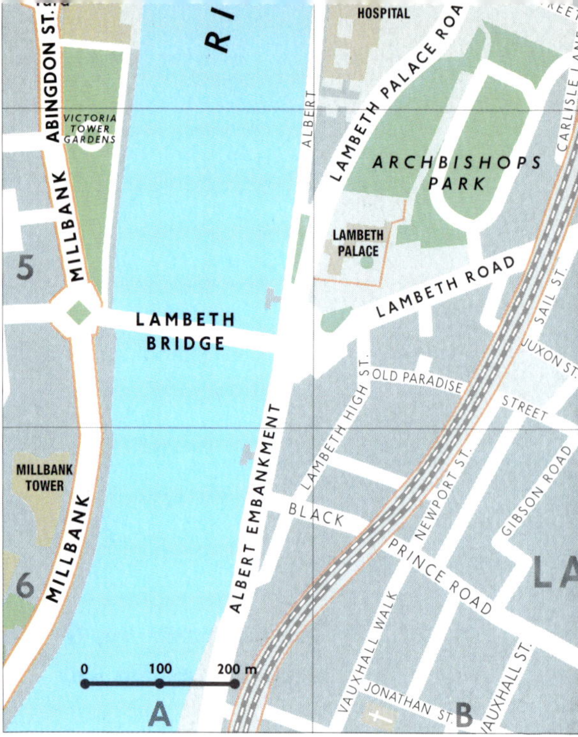

★Blackfriars Bridge (**E** D1)
Unter dieser bunten Brücke mit Flachbögen illustrieren Fresken die Geschichte der Umgebung und beschreiben die Rolle, die der Themse einst zukam. Das aktuelle Bild stammt von 1869, aber schon 1769 existierte an dieser Stelle eine Brücke – damals die dritte derartige Verbindung zwischendem Nord- und Südufer.

★ Gabriel's Wharf (**E** C2)
→ *56 Upper Ground SE1,*
Schmucke Kunsthandwerksläden, ein kleines Karussell, Cafés mit schönen Terrassen: Sobald die Sonne blinzelt, füllt sich der Platz mit Leben, und es kommt eine Art Ferienstimmung auf. Wenn die Anwohner nicht vehement protestiert hätten, wäre dieser kleine Fleck allerdings auch – wie das restliche Viertel – in die Hände eines großen Immobilienmaklers gefallen.

★ Royal National Theatre (**E** B2)
→ *South Bank SE1,*
Tel. 7452 3400,
Mo–Sa 10–23 Uhr,
Führungen 10.15, 12.15, 17.30 Uhr
Eine Festung? Nein, eines der renommiertesten Theater der Stadt. Das 1975 von Denys Lasdun entworfene Betongebäude verfügt über drei Bühnen, die sowohl Klassiker als auch Avantgarde-Stücke spielen. Führungen durch die Kulissen, um den technischen Geheimnissen der Bühnenkunst auf die Spur zu kommen. (Treffpunkt beim Saal mit Ausstellungen zeitgenössischer Kunst).

★ National Film Theatre (**E** B2)
→ *South Bank SE1,*
Tel. 7928 3535,
tägl. 9.15–23 Uhr
Kultstätte aller Cineasten. Verfügt über einen großen und zwei kleine Säle, in denen neben einem speziellen Kinderprogramm neue Filme ebenso wie Klassiker gezeigt werden. Daneben finden Retrosp tiven und Vorträge statt. Viele Veranstaltungen während des Crime Film Festival jedes Jahr im Jul

★ Hayward Gallery (**E** B2)
→ *Belvedere Rd.,*
South Bank SE1,
Tel. 7960 4242,
tägl. 10–18 (Di–Mi 20 Uhr)
Nackter Beton für eine Galerie, die große Ausst lungen zu Malerei, bilde der Kunst und Fotografie beherbergt.

★ Royal Festival Hall (**E** B2)

ROYAL FESTIVAL HALL

ROYAL NATIONAL THEATRE

NATIONAL FILM THEATRE

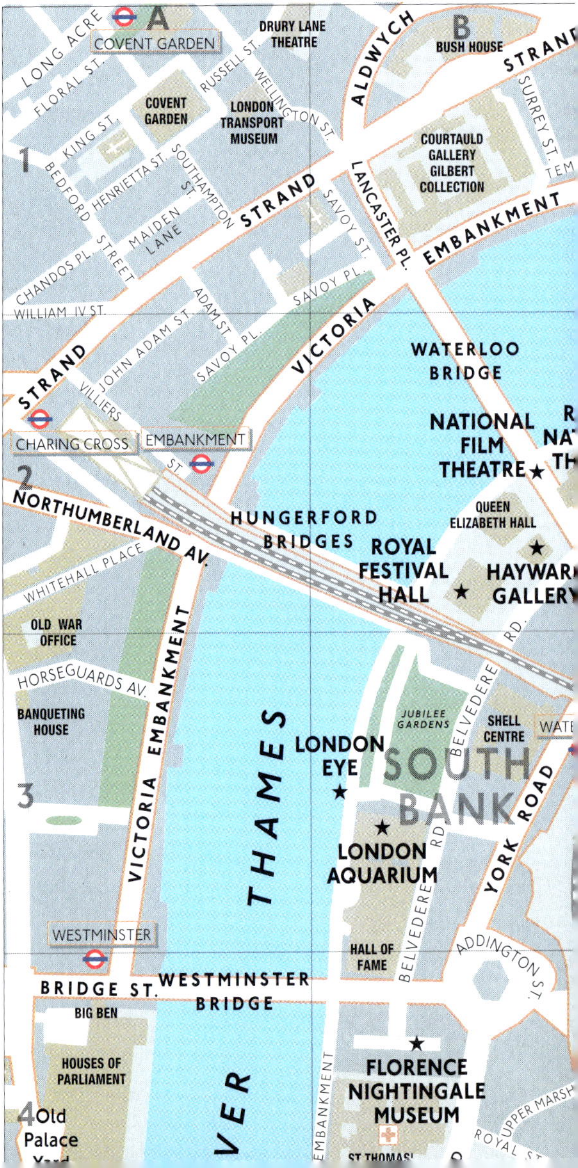

Aus der Vergangenheit dieses Viertel gibt es nur wenig Relikte. Lange ist es her, dass das ehemalige Sumpfgebiet trockengelegt wurde. Während des Zweiten Weltkrieges wurden viele jener Fabriken zerstört, die aus den Dörfern der Region im 19. Jahrhundert ein wichtiges industrielles Zentrum gemacht hatten. Um den Trümmern etwas entgegenzusetzen, plante man, am südliche Themseufer kulturelle Einrichtungen zu etablieren, die mit denen des Nordens Schritt halten könnten. Und so stand ab 1960 das South Bank Centre als Auftakt für eine ganze Reihe weiterer städtebaulicher Projekte. Queen's Walk folgte, von hier aus hat man schöne Blicke auf den Fluss und die nördlichen Stadtteile.

LIVEBAIT

Restaurants

Tas (**E** D3)
→ *33 The Cut SE1, Tel. 7928 2111, Mo–Sa 12–23.30, So 12–22.30 Uhr*
Hier wird türkische Küche angeboten, die die ganze Palette klassischer Gerichte bis hin zu ausgefeilten Kreationen umfasst. À la carte 15–20 £.

Gourmet Pizza (**E** C2)
→ *Gabriel's Wharf Upper Ground SE1, Tel. 7928 3188, tägl. 11–23 Uhr*
Kleine italienisch geprägte Gerichte mitten an den Ufern der Themse. À la carte circa 16 £.

Livebait (**E** D3)
→ *43 The Cut SE1, Tel. 7928 7211, Mo–Sa 12–15 Uhr, 16–23.30 Uhr*
Auf den Tisch gelangen hier frisch auf dem Markt gekaufter Fisch und Meeresfrüchte. Das Angebot umfasst einfache Gerichte ebenso wie Beispiele der hohen Kochkunst. Unweit der Theater Old Vic und Young Vic und den Sehenswürdigkeiten der South Bank, bietet das Restaurant eine Mischung aus Diner und Programm (Information Tel. 7369 1760), à la carte 30 £.

The People's Palace (**E** B2)
→ *Royal Festival Hall Level 3 South SE1, Tel. 7928 9999, tägl. 12–15, 17.30–23 Uhr*
Geräumiger heller Saal. Eignet sich wunderbar, um sich vor einem Konzertbesuch zu stärken. Internationale Küche mit italienischem Einschlag. Menü vor Konzert 21,50 £.

OXO Tower Restaurant (**E** C2)
→ *OXO Tower Wharf, Barge House St. SE1, Tel. 7803 3888, Mo–Sa 12–14.30, 18–23, So 12–15 Uhr, 18.30–22 Uhr*
Vom 8. Stock des OXO-Turms eröffnet sich ein wunderbarer Blick über Themse und City. Die Fenster liegen so aneinander, dass sich der Namenszug OXO (ein Fleischextrakt) lesen lasst. Abends ist das Schauspiel der erleuchteten Stadt ebenso spannend wie die moderne leckere Küche. In der Brasserie liegen die Preise etwas niedriger als im Restaurant (circa 55 £ für ein Abendessen à la carte; Menüs ab 28,50 £).

DIO 6

FIRE STATION

KONDITOR & COOK

Bars, Pubs, Video

Studio 6 (**E** C2)
→ *Gabriel's Wharf, 56 Upper Ground SE1, Tel. 7928 6243, Mo–So 12–23 Uhr*
Eine Bar im Puppenhausstil mit einer großen Terrasse, die ganzjährig von Menschen bevölkert wird, die ein Gläschen in frischer Luft und besonderer Atmosphäre genießen möchten.

Fire Station (**E** C3)
→ *150 Waterloo Rd. SE1, Tel. 7620 2226, Mo–Sa 11–23, So 12–22.30 Uhr*
Ein beliebter, abends überfüllter Pub in einer alten Feuerwehrstation mit Metallträgern und hohen Decken. Große Auswahl an Fassbier, umfangreiche Weinkarte. Gutes Restaurant im hinteren Raum.

Cubana (**E** C3)
→ *48 Lower Marsh SE1, Tel 7928 8778, Mo–Sa 12–1 Uhr*
In jeder Hinsicht erfrischend: Getränke und Musik lateinamerikanischen Stils in einer Einrichtung, die religiösen Kitsch, bemalte Stühle, Portraits von Che Guevara und Fotos von Kuba vereint. An beiden Bars gibt es Cocktails, Bier, Wein und kleine Gerichte, auch *tapas* fehlen nicht. So 19.30–1 Uhr Salsastunde.

Namco Play Station (**E** B3)
→ *County Hall, Riverside Building SE1, Tel. 7967 1066, tägl. 10–24 Uhr*
Modernes Paradies für alle Freunde von Videospielen und Simulatoren. Hier finden Sie Videospiele, die vor Jahren für Aufruhr sorgten, ebenso wie die neueste Version der Star-Wars-Serie. Bowlingbahnen.

BFI London IMAX Cinema (**E** C3)
→ *Tenison Way SE1, Tel. 7902 1234, Vorführungen tägl. ab 18 Uhr*
Das Kino erlaubt mit einer 20 x 26 Meter großen Leinwand und moderner Technik eine Reise über die Grenzen der Wirklichkeit hinaus. Beeindruckende zwei- oder dreidimensionale Filme führen die Zuschauer in Meerestiefen, Buschwildnis, ewiges Eis und glühenden Wüstensand.
Erwachsene 7,50 £, Kinder 5 £.

Shopping

Konditor & Cook (**E** C2)
→ *22 Cornwall Rd. SE1, Tel. 7261 0456, Mo–Fr 7.30–18.30, Sa 8.30–14.30 Uhr*
Sie quält der kleine Hunger zwischendurch, Sie benötigen ein Geschenk in letzter Minute? Drei Minuten von Waterloo Station entfernt liegt diese Konditorei – eine Versuchung, der man unbedingt erliegen sollte! Nahezu endlos scheint die Liste der süßen Köstlichkeiten. Wer dies alles in Ruhe genießen möchte, sollte das Café Konditor & Cook (66 The Cut) aufsuchen.

Gramex (**E** C4)
→ *25 Lower Marsh SE1, Tel. 7401 3830, Di–Sa 12.30–18 Uhr*
Dieses Insidern bekannte Mekka für klassische Musik bietet eine große Auswahl an günstigen CDs. Die gute Beratung mündet bisweilen in angeregte Diskussionen und wird oft in den großen Sesseln im Hintergrund des Ladens fortgesetzt.

OXO Tower Design Shops (**E** C2)
→ *OXO Tower Wharf, Barge House St. SE1, Tel. 7401 2255, Di–So 11–18 Uhr*
Ein Zusammenschluss unabhängiger Designer, die in Ateliers und Geschäften (teils exklusiv) ihre eigenen Kreationen anbieten. Dazu zählen handgewebte Seidenstoffe, Kleidung, Porzellan und kleine Möbel.

Hive
→ *Tel.7261 9791*

Archipelago
→ *Tel.7922 1121*

Bobo Sperlein
→ *Tel.7633 9413*

What the Butler Wore (**E** C4)
→ *131 Lower Marsh SE1, Tel. 7261 1353, Mo–Sa 10.30–18 Uhr*
Dieser Second-Hand-Laden kleidet jeden von Kopf bis Fuß ein, der die Sechziger- oder Siebzigerjahre liebt. Die einzelnen Teile sind tadellos in Ordnung und oft erstaunlich modern! Damenkleidung ab 20 £.
Keine Kreditkarten.

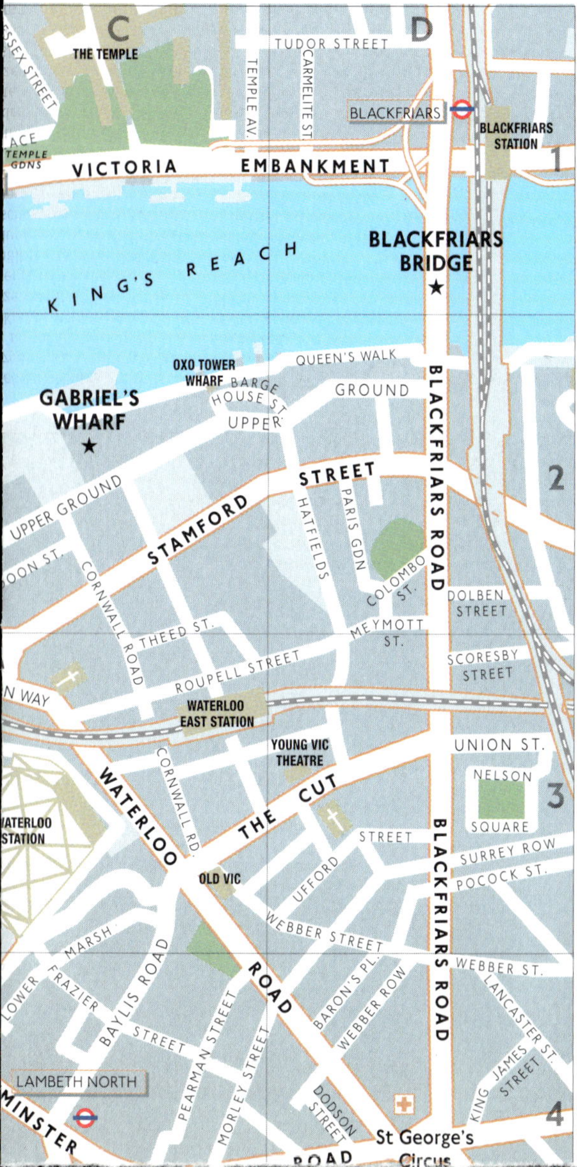

HAYWARD GALLERY

GABRIEL'S WHARF

LONDON EYE

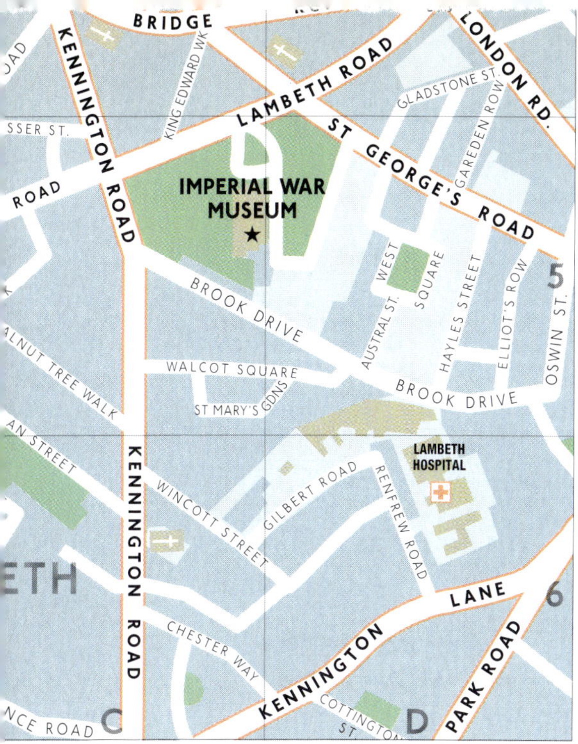

FLORENCE NIGHTINGALE MUSEUM

BLACKFRIARS BRIDGE

lvedere Road SE1,
960 4242,
10–22.30 Uhr
Kontroverse um diese erthalle mit ihrer ergewöhnlichen Akustält seit ihrer Fertigung 1951 an. Der chlag des Architekten ard Rogers, das graue ngebäude einschließder anderen Teile des h Bank Centre zu eiden, wurde bis e nicht umgesetzt. Der ertsaal war 1951 zum tival of Britain« einiht worden. Heute nen zu jeder Tageszeit Besucher in diese mit Plätzen größte Halle Londons, um Ausstellungen zu moderner Malerei und Fotografie zu sehen, um mittags einem der kostenlosen Konzerte beizuwohnen oder auch nur, um eine kleine Pause einzulegen.

★ **London Eye** (**E** B3)
→ *South Bank SE1,*
Tel. 0870 5000 600
April–Okt. 9–21 Uhr,
Sept.–März 9.30–20 Uhr
Im größten Riesenrad der Welt lässt sich London aus einer Höhe von 135 Metern betrachten. Bei schönem Wetter reicht der Blick bis zu 40 Kilometer weit. Fahrtzeit: 30 Min.; Reservierung notwendig.

★ **London Aquarium** (**E** B3)
→ *County Hall, Riverside Building SE1, Tel. 7967 8000, tägl. 10–18 Uhr*
Hier lassen sich zahme Rochen streicheln, Haie beim Fressen beobachten und verschiedenste Salz- und Süßwasserfische entdecken.

★ **Florence Nightingale Museum** (**E** B4)
→ *2 Lambeth Palace Rd. SE1,*
Tel. 7620 0374,
Mo–Fr 10–17,
Sa–So 11.30–16.30 Uhr
Florence Nightingale war Krankenschwester und gründete während des Krimkrieges 1860 die erste englische Schule zur Ausbildung von Krankenschwestern. Ihr Engagement verbesserte den Hygienestandard in den Kliniken.

★ **Imperial War Museum** (**E** C5)
→*Lambeth Rd. SE1,*
Tel. 7416 5000,
tägl. 10–18 Uhr,
Freier Eintritt
Wie ist es, wenn Ausgangssperren, Flugangriffe und Propagandanachrichten den Alltag bestimmen? Anhand von Gegenständen, Dokumenten und Rekonstruktionen beleuchtet dieses Museum das Leben der Zivilbevölkerung in Zeiten des Krieges.

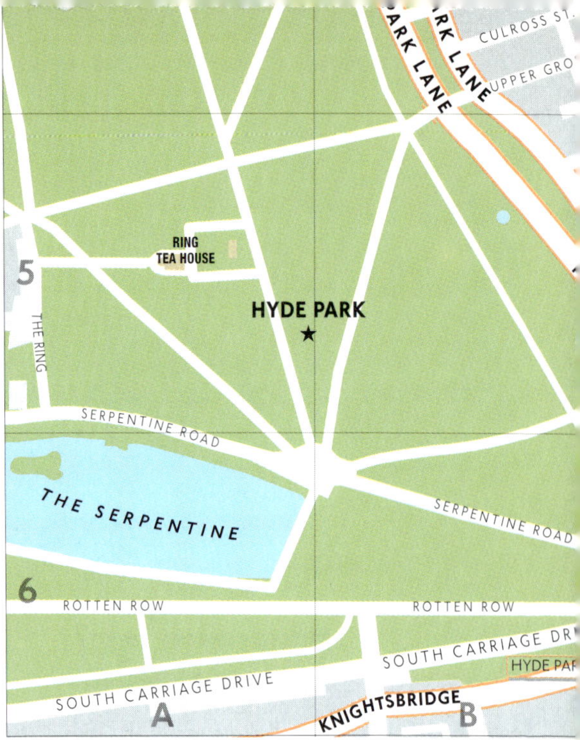

★ **Hyde Park** (**F** A5)
→ *Tel. 7298 2100, tägl. 5–24 Uhr*
Beliebtester Park Londons mitten in der Stadt, hier geben sich Erholungsbedürftige, Liebespaare, Familien, Badende, Boote und Schwäne ein Stelldichein. Auf der Serpentine findet jedes Jahr an Weihnachten ein denkwürdiges Mitternachtsbad statt. Die Wege laden zum Flanieren, die weiten Wiesen zu einem Picknick ein. Speakers Corner, den Ort der großen Redefreiheit (und manchmal auch der Jahrmarktsatmosphäre), gibt es seit 1872. Jeder kann hier von einem kleinen Podium herab das Wort ergreifen und versuchen, die Vorübergehenden in seinen Bann zu ziehen.

★ **Regent's Park** (**F** C1)
→ *Tägl. 6 Uhr bis Einbruch der Dämmerung*
Nach Entwürfen von John Nash zwischen 1817 und 1828 entworfener, circa 200 Hektar großer Park mit weiten Rasenflächen und Baumgruppen. Auch wenn der Architekt Nash sein Projekt wegen finanzieller Engpässe nicht vollends realisieren konnte, wartet der Park heute mit einigen Attraktionen auf: Tennis- und Kricketplätze, den London Zoo, den wunderschönen Rosengarten der Königin Mary und eine Freilichtbühne, auf der jeden Sommer Shakespeares Sommernachtstraum aufgeführt wird. An der Ostseite des Parks steht das Bauensemble Cumberland Terrace mit reich verzierter Fassade, Schmuckgiebeln und Statuen auf Dachvorsprüngen. Chester Terrace besteht aus mit Säulen geschmückten Stadtwohnungen.

★ **Sherlock Holmes Museum** (**F** B1)
→ *239 Baker St. NW1, Tel. 7935 8866, tägl. 9.30–18 Uhr*
Für alle, die einmal Watsons Pistole, seine Pfeife und die nachgebaute Wohn von Conan Doyles berü tem Detektiv einmal ge nauer unter die Lupe ne men wollen…

★ **Madame Tussaud' Museum** (**F** B1)
→ *Marylebone Rd. NW1, Tel. 087 0400 3000, tägl. 9–17.30 Uhr*
Faszinierend in Szene gesetzte Wachsfiguren, darunter sowohl heutig Stars als auch große his rische Persönlichkeiten von deren Äußerem ma sich endlich einmal ein Bild machen kann.

★ **London Planetariu** (**F** B1)
→ *Marylebone Rd. NW1,*

HYDE PARK

REGENT'S PARK

APSLEY HOUSE

Mayfair genießt den Ruf, das vornehmste Viertel von London zu sein. Auch wenn Vivienne Westwood, die in den 70er Jahren den Punk-Look kreierte, hier eine Boutique besitzt, so entsprechen die Nobelhotels und Luxusgeschäfte der New und Old Bond Street wohl doch eher dem Image dieser Gegend. Das weiter nördlich gelegene Marylebone ist insgesamt belebter, vor allem rund um die Marylebone High Street. Dort finden sich noch einige wunderbare georgianische Fassaden. Die Umgebung des Regent's Park, darunter auch Cumberland Terrace, wartet ihrerseits mit vielen neoklassizistischen Veranden auf.

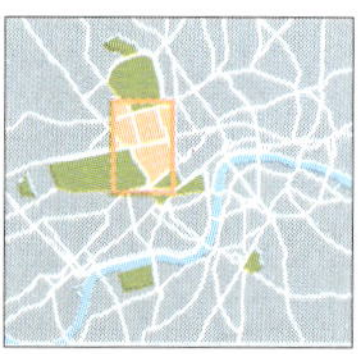

MIRABELLE

Restaurants

Sofra (**F** C3)
→ *1 St Christopher's Place W1, Tel 7224 4080, tägl. 12–24 Uhr*
Türkisches Restaurant an einem kleinen idyllischen Platz. Bei schönem Wetter ist die Terrasse geöffnet. Mittagsmenüs 8,95 £.

Spighetta (**F** B2)
→ *43 Blanford St. W1, Tel. 7486 7340, Frühstück Mo–Sa 12–14.30, tägl. 18.30–22.30 Uhr (Fr–Sa 23 Uhr)*
Hier gibt es die beste Pizza von London und zudem wunderbare kleine italienische Gerichte. Pizza 8,50 £. À la carte 18 £.

Seashell (**F** A2)
→ *49–51 Lisson Grove NW1, Tel. 7224 9000, Mo–Fr 12–14.30, 17–22.30; Sa 12–22.30 Uhr*
Frische Einrichtung in Grün und Weiss mit großer Marmortheke, an der es sehr gute *fish & chips* gibt. Ca. 15–18 £.

Chor Bizarre (**F** D4)
→ *16 Albemarle St. W1, Tel. 7629 9802, tägl. 12–15, 18–23.30 (So 22.30 Uhr)*
Wachteln, Huhn in Senfsoße, Ananas Tandoori mit Ingwer: Die kulinarische Reise führt nach Indien ... und direkt in die Glückseligkeit. Ebenso üppig ist der Dekor: alte Holztüren, geschnitzte Stühle, farbige Tapeten und Kellner mit Turban. À la carte 25–30 £.

Orrery (**F** C1)
→ *55 Marylebone High St. W1, Tel. 7616 8000, Tägl. 12–15, 19–23 (So 22.30 Uhr)*
Krabben mit Avocado, Gurke und Fenchel, Jakobsmuscheln, in der Papilotte gebratener Lachs. Gerichte mit erlesenen Geschmacksnuancen in einem alten, vom Chef renovierten Reifenlager. Mittagstisch 16,50 £, À la carte 50 £.

Mirabelle (**F** D5)
→ *56 Curzon St. W1, Tel. 7499 4636, tägl. 12–14.45, 18–22.45 Uhr*
In altem Glanz erstrahlt das Mirabelle und scheint fast an seine Berühmtheit aus jenen Zeiten anzuknüpfen, als hier Churchill und Aristoteles Onassis verkehrten. Marco Pierre White praktiziert eine perfekte französische Küche, von fabelhaften Weinen begleitet. Im Sommer kann man all dies auf einer begrünten Terrasse genießen. À la carte 45 £, Mittagstisch 16,50 £.

IDGES

CHARBONNEL & WALKER

VIVIENNE WESTWOOD

Tee, Kaffee und Kuchen

The Conservatory (**F** C6)
→ *Lanesborough Hotel, Hyde Park Corner SW1, Tel. 7259 5599, tägl. 15.30–18 Uhr*
Alle Genüsse des Tees in einem großen Hotel. Serviert wird in einem Wintergarten beim Geplätscher eines Springbrunnens.

De Gustibus (**F** B2)
→ *53 Blandford St. W1, Tel. 7486 6608, Mo–Fr 7–16 Uhr*
Eine Bäckerei, in der man zwischen hohen Metallregalen und Marmeladengläsern einen Kaffee trinken oder etwas schnabulieren kann. Tageszeitungen stehen zur Verfügung.

Bar und Pubs

Tudor Rose (**F** B2)
→ *44 Blandford St. W1, Tel. 7935 5963, Mo–Sa 11–23 Uhr*
Weiße Fassade mit Balkenwerk, Holzverkleidung und Kamin: Ein Pub in britischer Tradition. Sehr gute kleine Gerichte, die man im kleinen Restaurant oder auf der Terrasse verzehren kann.

Mash (**F** D3)
→ *19–21 Great Portland St. W1, Tel. 7637 5555, Mo–Sa 12–2 Uhr*
Eine Bar im Stil der Sechzigerjahre in leuchtendem Orange mit viel Glas und Chrom. In riesigen farbigen Kesseln wird das hauseigene, frisch gezapfte Bier gebraut. Zudem gibt es Cocktails, Obstsäfte.

Shopping

G.F. Trumper (**F** D5)
→ *9 Curzon St. W1, Tel. 7499 1850, Mo–Fr 9–17.30 (Sa 13 Uhr)*
Rasierpinsel in allen Größen, schicke Sets zum Nassrasieren, Parfums und Eaux de Toilette: Hier finden Sie die nobelsten Schönheitsprodukte für den Herren. Und warum nicht einsteigen in das Spiel des Dandys? Eine Rasur, Maniküre (außer Sa) oder ein neuer Haarschnitt nach allen Regeln der Kunst beim wohl berühmtesten Herren-Parfumeur.

Selfridges (**F** C3)
→ *400 Oxford St. W1, Tel. 087 0837 7377, Mo–Fr 10–20, Sa 9.30–20, So 12–18 Uhr*
Ein Kaufhaus mit Angeboten für jeden Geldbeutel. Besonders hervorzuheben: Die Herrenkollektion und die Lebensmittelabteilung, die vor allem in der Vorweihnachtszeit viele englische Spezialitäten bereithält.

Charbonnel & Walker (**F** D4)
→ *28 Old Bond St., 1 Royal Arcade W1, Tel. 7491 0939, Mo–Sa 10–18 Uhr*
Mit Minz-, Lavendel-, Himbeer-, Rosen- oder Veilchengeschmack: Hier gibt es die Pralinen, die Queen Mum liebt, in reinster englischer Tradition.

Aveda (**F** C1)
→ *28–29 Marylebone High St. W1, Tel. 7224 3157, Mo–Fr 9.30–19, Sa 9–18 Uhr*
Die amerikanische Schönheitsprodukt-Linie sorgt mit ihrer ökologischen Ausrichtung für Furore. Im Laden verbinden sich Jutestoff und Holz; das *Quiet Revolution Café* im Hintergrund erscheint in angenehmem Öko-Schick.

South Molton Street (**F** C3)
Die beste Adresse, um passende Damenschuhe zu finden.

Senso (Nr. 6)
→ *Tel.7499 9998*
Jones Bootmaker (Nr. 15)
→ *Tel.7408 1974*
Nine West (Nr. 9)
→ *Tel.7629 3875*
Pied à terre (Nr. 19)
→ *Tel.7629 1362*
Office London (Nr. 55)
→ *Tel.7491 8027*

Vivienne Westwood (**F** C4)
Die ausgefallenste Designerin Großbritanniens, Fans finden sich rund um den Globus – selbst in Japan.
→ *6 Davies St. W1, Tel. 7629 3757, Mo–Sa 10–18 (Do 19 Uhr)*
Gold Label sowie Maßanfertigungen für Frauen.
→ *44 Conduit St. W1, Tel.7439 1109, Mo–Sa 10–18 (Do 19 Uhr)*
Red Label, die Kollektion mit den gewagtesten Modellen, und Man, die Herrenkollektion.

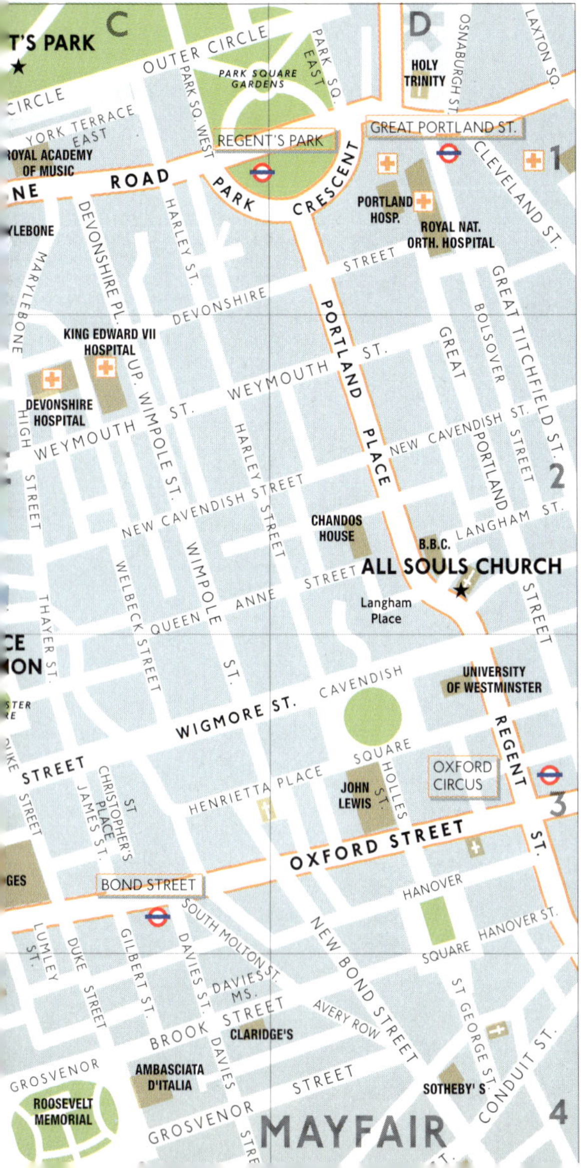

SHEPHERD MARKET

ALL SOULS CHURCH

MADAME TUSSAUD'S MUSEUM

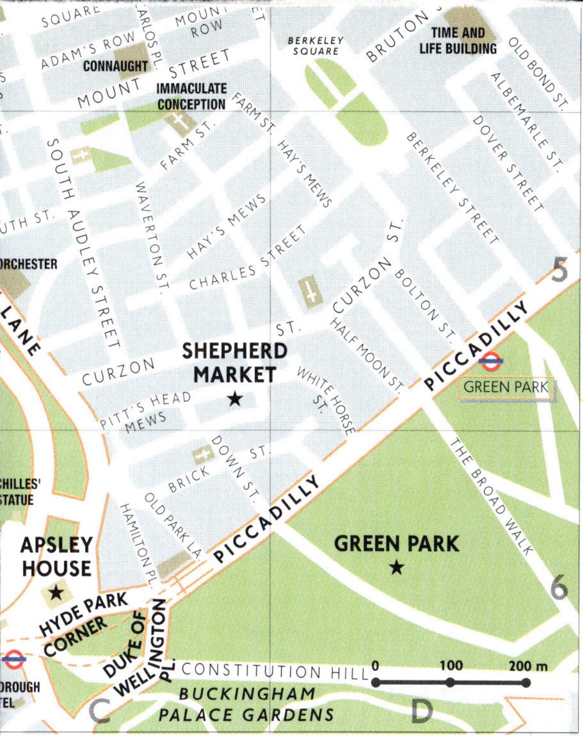

LONDON PLANETARIUM

SHERLOCK HOLMES MUSEUM

087 0400 3000,
l. 10–17.30 Uhr
s London Planetarium ist
m Wachsfigurenkabinett
geschlossen und erlaubt
e phantastische Reise
die Welt der Sterne. Alle
Minuten startet der Kurz-
n *Cosmic Perceptions*.

Wallace Collection
C3)
Manchester Square W1,
7935 0687, Mo–Sa
-17, So 12–17 Uhr
r vierte Marquis von Hert-
d (1800–70) war wohl
exzentrischer Amateur-
nstler und ein Dandy,
ch zugleich ein gewiefter
nstsammler. Er begeister-
sich sowohl für Malerei (Hals, Rembrandt, Fragonard, Poussin) und Mobiliar (Riesener und Boulle) als auch für Kunstgegenstände und Waffen aus dem Orient und Okzident. 1897 vermachte seine Witwe die Sammlung dem Staat unter der Bedingung, dass die Ausstellungsstücke für immer in den angestammten Räumen verbleiben. Eintritt frei.

★ All Souls Church (**F** D2)
→ *Langham Place W1, Tel. 7580 3522, So–Fr 9.30–18 Uhr*
Die seltsame Kirche von John Nash (1824) verbindet einen ionischen Säulengang mit einem gotischen Glockenturm.

★ Shepherd Market
(**F** C5)
→ *Zwischen Curzon St. und Piccadilly*
Ein überraschend ruhiger Ort mit dörflichem Charakter, kleinen Fußgängerstraßen und hübschen gepflasterten Höfen. Hier lag einst das Zentrum der May Fairs (Messen im Mai), auf denen Korn und Vieh verkauft wurden und denen das Viertel seinen Namen verdankt.

★ Apsley House (**F** C6)
→ *Hyde Park Corner W1, Tel. 7499 5676, Di–So 11–17 Uhr*
Wohnhaus von Feldmarschall Arthur Wellington, der Napoleon bei Waterloo bezwang. Er trug hier (zum Teil auf Kriegszügen erbeutete) Kunstwerke und wertvolle Gebrauchsgegenstände zusammen. Zu sehen sind Gemälde (unter anderem von Goya, Rubens und Velázquez), Gold- und Silberarbeiten sowie Porzellan. Außerdem befindet sich hier das Gedeck aus (teils vergoldetem) Silber, von der Waterloo-Siegesfeier.

★ Green Park (**F** D6)
→ *Tel.7930 1793, tägl. 5–24 Uhr*
Weite Rasenflächen, Platanen und Schatten spendende Linden, gusseiserne Bänke und Gaslaternen: ein beliebter Park mit dem Charme vergangener Zeiten.

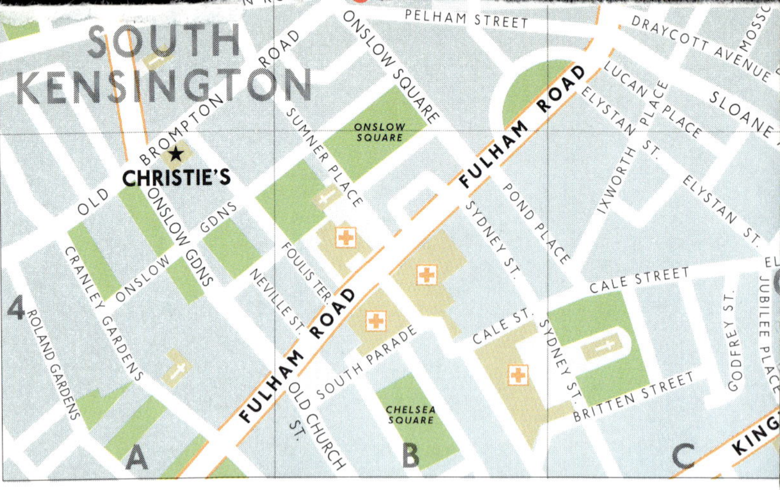

CHRISTIE'S

SLOANE SQUARE

BELGRAVE SQUARE

★ **Serpentine Gallery** (**G** B1)
→ *Kensington Gardens W2, Tel. 7402 6075, tägl. 10–18 Uhr (Juni–Sep. 20 Uhr)*
Im kleinen Pavillon, in dem früher ein Teesalon untergebracht war, finden heute Ausstellungen zeitgenössischer Kunst von hoher Qualität statt. Eintritt frei.

★ **Royal Albert Hall** (**G** A2)
→*Kensington Gore SW7, Tel. 7589 8212*
Diese Konzerthalle verdankt ihre Berühmtheit den Promenandenkonzerten (Proms), die hier von Juli bis September stattfinden. Die größten Dirigenten treten vor einem Publikum, das es sich auf dem Boden bequem gemacht hat oder steht! Am letzten Abend geht das Konzert in eine große Party über. Von dem umstrittenen Backsteingebäude mit umlaufendem Balkon hebt sich ein Terracotta-Fries ab, der den Triumph der Kunst symbolisieren soll.

★ **Belgrave Square** (**G** F2)
Das einstige Sumpfgebiet wurde im 19. Jahrhundert trockengelegt und machte den schicken Unterkünften von Belgravia Platz. Im Zentrum des Viertels liegt der 4 Hektar große Belgrave Square, ein von Stuckfassaden umrahmter Garten, zu dem nur die Anwohner einen Schlüssel besitzen.

★ **Science Museum** (**G** B2)
→ *Exhibition Rd. SW7, Tel. 7942 4000, tägl. 10–18 Uhr; freier Eintritt.*
Ein Museum, das es sich zum Programm gemacht hat, mit den jüngsten wissenschaftlichen Entwicklungen Schritt zu halten (Klonen, Marsmission, Neuerungen in der Gentechnik). Interaktive Spiele und Simulationen finden sich auf 4 Etagen im neuen Flügel. Die älteren Räume dokumentieren die großen Erfindungen des industriellen Zeitalters und zeigen einige fast legendäre Ex
nate: die erste Dampfmaschine, die Raumkap
Apollo 10 und eine V2-Rakete.

★ **Natural History Museum** (**G** A3)
→ *Cromwell Rd. SW7, Tel. 7942 5000, Mo–Sa 10–17.50, So 11–17.50 Uhr freier Eintritt.*
Selbst die Fassade des
seums wimmelt von Pfla
zen und kleinen Tieren.
78 Millionen Arten sind
versammelt, aber nur ei
kleiner Teil davon wird a
gestellt, um die Vielfalt
Lebens und seiner Entw
lung zu demonstrieren.
Das Spektrum reicht vo

VICTORIA & ALBERT MUSEUM

SCIENCE MUSEUM

ROYAL ALBERT HALL

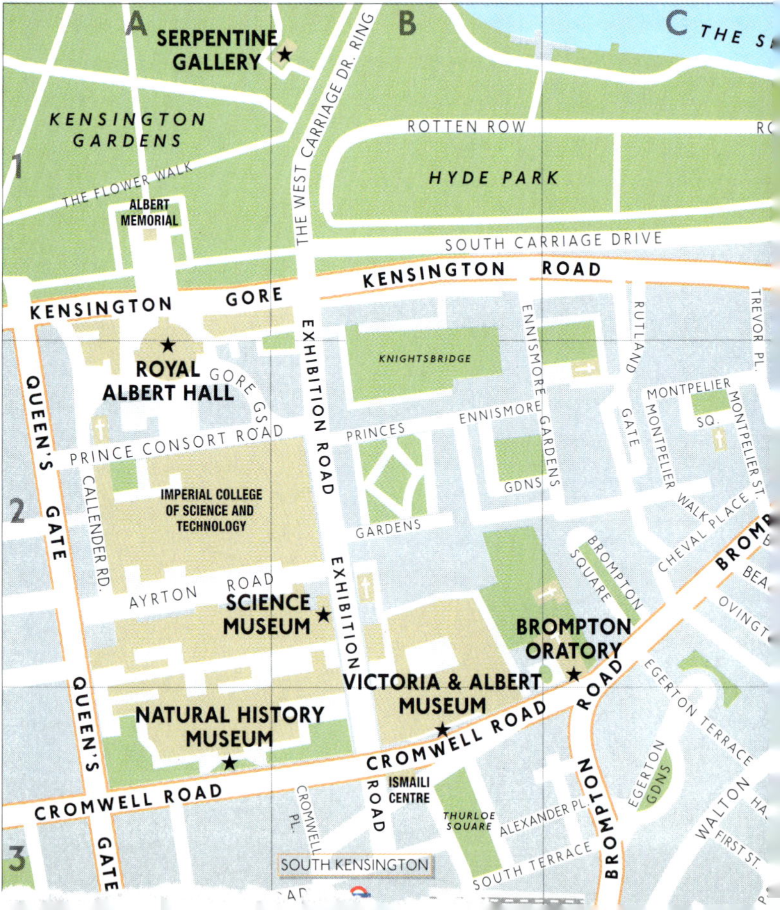

G Chelsea / South Kensington / Belgravia

Eine Flaniermeile vor elegantem Hintergrund. Von South Kensingtons berühmten Museen aus erreicht man über Knightsbridge das Zentrum nobler Geschäfte: Hier liegen Harrods und die Sloane Street als Sitz der Haute Couture. Weiter östlich verbergen sich hinter beeindruckenden Fassaden Botschaften und vornehme Luxusvillen. Ganz anders die lebendige und zugleich dörfliche Atmosphäre von Chelsea, wo Cafés zum Verweilen und Boutiquen zum Spontaneinkauf einladen. Die zahlreichen Antiquitätengeschäfte und kleinen Straßen, in denen einst viele Künstler wohnten, ermöglichen beschauliche Spaziergänge.

VAMA

BIBENDUM

RESTAURANTS

Vama (**G** C4)
→ *438 King's Rd. SW10, Tel. 7351 4118, tägl. 12.30–15, 18.30–23.30 Uhr*
Ein stimmungsvoller Ort mit einer exzellenten pakistanischenKüche. À la carte finden Sie: Kartoffeln mit Koriander und Käse, Püree aus schwarzen Linsen, Lachs in Kokosnussmilch mit Kräutern und exotischen Gewürzen. Candlelight-Dinner auf der Terrasse oder unter der Veranda. À la carte 25 £.

The Enterprise (**G** D2)
→ *35 Walton St. SW3, Tel. 7584 3148, Mo–Fr 12.30–14.30; Sa/So 12.30– 15.30 Uhr; tägl. 18–22.30 Uhr*
Ein *gastropub mit* kleinen Tischen. Eine alternative Möglichkeit, einfach, aber gut zu Abend zu essen. À la carte 25 £.

Cambio de Tercio (**G** A4)
→ *163 Old Brompton Rd. SW5, Tel. 7244 8970, tägl. 12.30–14.30, 19–23.30 Uhr (So 23 Uhr)*
Umhänge von Stierkämpfern schmücken die Wände dieses freundlichen Lokals in spanischen Farben. Köstliche Auswahl an Tapas und exzellente Paella. Fr und Sa Reservierung empfohlen. À la carte 25 £.

Zafferano (**G** E2)
→ *15 Lowndes St. SW1, Tel. 7235 5800, tägl. 12–14.30, 19–23 Uhr*
Hinter den Holzjalousien, die vor Sonne und fremden Blicken schützen, verbirgt sich ein schicker Italiener mit raffinierter und innovativer Küche. Das großzügige, modern eingerichtete Restaurant zieht viele berühmte Leute an. Mittagstisch 21,50 £, Abendessen 29,50 £.

Bibendum (**G** C3)
→ *Michelin House, 81 Fulham Rd. SW3, Tel. 7581 5817, tägl. 12.30–14.30, 19–23 Uhr (So 15– 22.30 Uhr)*
Im Gebäude im witzigen Art-déco–Stil verbirgt sich eines der vielen Restaurants des Designers Terence Conran. Die Preise sind angesichts von Matthew Harris' exquisiter Küche durchaus angemessen. Eine Alternative bietet die Austernbar im Erdgeschoss.
Um die Ecke findet sich ein Geschäft mit Conrans Deco-Artikeln.
À la carte 35 £.

CACTUS BLUE

HARRODS

STEINBERG & TOLKIEN

Cafés

Chelsea Courtyard Café (**G** C4)
→ *151 Sydney St. SW3, Tel. 7351 5351, tägl. 9.30–17 Uhr (Sa/So 18 Uhr)*
In einem großen Hof gelegener Teesalon. Bei schönem Wetter bietet die Terrasse trotz der unmittelbaren Nähe zur King's Road etwas Ruhe unter riesigen Sonnenschirmen.

Bars und Pubs

Bistrot 190 (**G** A2)
→ *190 Queen's Gate SW7, Tel. 7581 5666, tägl. 7–24 Uhr (Fr/Sa 1 Uhr)*
In London ist es üblich, in Hotelbars etwas zu trinken oder den Abend zu verbringen. Die Wände des Bistrot 190 sind mit Holz verkleidet; Dekor und Kanapees lassen eine gewisse Nostalgie aufkommen. Ideal, um sich nach dem Besuch eines der vielen umliegenden Museen ein wenig zu erfrischen.

Cactus Blue (**G** B4)
→ *86 Fulham Rd. SW3, Tel. 7823 7858, Mo–Fr 17.30–23, Sa 12–23, So 12–22.30 Uhr*
Ein Paradies für alle Tequila-Freunde. Auf der Karte finden sich mehrere Dutzend Sorten aus aller Welt. Am Wochenende Brunch unter der Veranda; sonntags um 12 Uhr spielt eine Jazzband.

The Anglesea Arms (**G** A4)
→ *15 Selwood Terrace SW7 (in der Verlängerung der Onslow Gardens), Tel. 7373 7960, Mo–Sa 11–23, So 11–22.30 Uhr*
Ein typischer Pub, darunter ein Restaurant, das typisch britische Gerichte serviert. Schöne, mit Blumen geschmückte Terrasse, die im Frühjahr und Sommer zu einem Aufenthalt im Freien einlädt.

The Builder's Arms (**G** C4)
→ *13 Britten St. SW3, Tel. 7349 9040, Mo–Sa 11–23, So 12–22.30 Uhr*
Gegenüber den Gärten von St. Luke befindet sich der moderne Pub. Große Sofas, viele gemütliche Ecken und eine gedämpfte Beleuchtung. Die große Auswahl an offenen Weinen und eine angenehm lockere Atmosphäre ziehen Männer wie Frauen gleichermaßen an.

Shopping

Harrods (**G** D2)
→ *87–135 Brompton Rd. SW1, Tel. 7730 1234, Mo–Sa 10–19 Uhr*
Sie suchen ein Klavier? Einen Schrank? Eine Rüstung? Gehen Sie zu Harrods! Sie suchen eigentlich nichts? Dann besuchen Sie die wunderbare Lebensmittelabteilung. Harrods ist eine Legende, die man einmal erlebt haben muss.

The Pie Man (**G** C4)
→ *16 Cale St. Chelsea Green SW3, Tel. 7225 0587, Mo–Fr 9–18, Sa 9–15.30 Uhr*
Britische Köstlichkeiten zum Mitnehmen als Alternative zu den obligatorischen Sandwiches: Pastete mit Lamm und Minze, Kuchen mit Lachs oder Zitrone. Ein Genuss!

Heal's (**G** C4)
→ *234 King's Rd. SW3, Tel. 7349 8411, Mo–Di, Fr 10–18 Uhr; Mi/Do 10–19 Uhr; Sa 9.30–18.30; So 12–18 Uhr*
Möbel und Zubehör für alle Zimmer des Hauses. Modernes Design und zuverlässige Qualität.

Rococo (**G** C4)
→ *321 King's Rd. SW3, Tel. 7352 5857, Mo–Sa 10–18.30, So 12–17 Uhr*
Ein Pralinenhersteller, der seinesgleichen sucht. Neben den traditionellen Geschmacksrichtungen werden ungewöhnliche Zutaten verwendet: Lavendel, Spargel, Chili... Ebenso erstaunlich sind die Verpackungen.

Steinberg & Tolkien (**G** D4)
→ *193 King's Rd. SW3, Tel. 7376 3660, Mo–Sa 11–19, So 12–18 Uhr*
Ein Geschäft wie ein Ausstellungshaus – mit Markenkleidung und modischem Zubehör zu Sonderpreisen. Ketten von Schiaparelli, Pullis von Hermès, Kostüme von Miss Mouse, wie sie Ende der 60er Jahre in Mode waren.

Harvey Nichols (**G** D1)
→ *Knightsbridge SW1, Tel. 7235 5000, Mo–Di, Sa 10–19; Mi–Fr 10–20 Uhr; So 12–18 Uhr*
Das schickste Kaufhaus von London, das dank seiner großen Markenkollektionen Harrods deutlich übertrifft. Gut besuchte Sushibar im 5. Stock.

NATURAL HISTORY MUSEUM

BROMPTON ORATORY

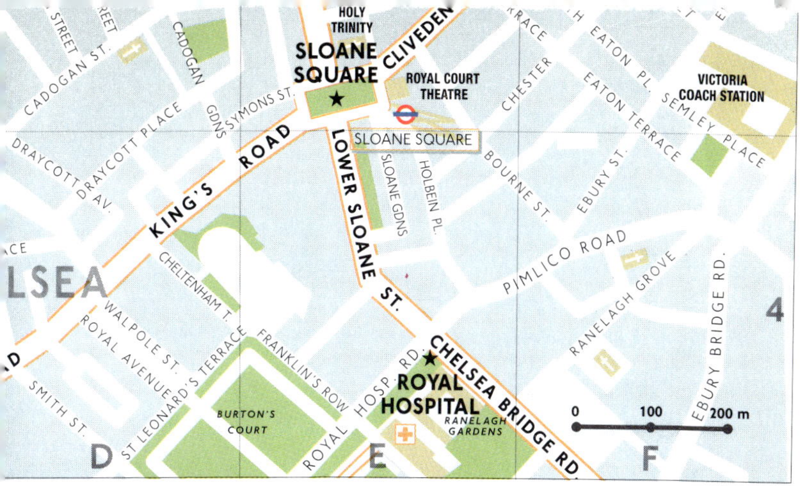

ROYAL HOSPITAL

SERPENTINE GALLERY

osaurier bis zum kleins- Insekt, vom Diamenten- er bis zum Erdbeben.

Victoria & Albert seum (**G** B3)
Cromwell Rd. SW7, 7942 2000, tägl. 10–17.45 (Mi und letzter Fr im Mo- 22 Uhr). Freier Eintritt.
nigin Viktoria legte 1899 Grundstein zu diesem ßten Kunstgewerbemu- m der Welt. Wollte man in einen kompletten dgang absolvieren, so sste man 11 Kilometer ücklegen. Deshalb sollte Besucher gezielt zwi- en den insgesamt Sälen auswählen und werpunkte setzen.

Gezeigt werden Gemälde von Raffael, indische Stoffe, koreanische Keramik – die Auswahl an europäischen und asiatischer Kunst ist immmens. Die indische Sammlung wird nur noch von indischen Museen übertroffen. Hinzu kommen Skulpturen, Fotografien und viele Gemälde englischer Künstler.

★ **Brompton Oratory** (**G** C2)
→ *Brompton Rd. SW7, Tel. 7808 0900, tägl. 6.30–20 Uhr*
Barockkirche (1878) des katholischen Ordens der Oratorianer. Sie birgt 12 Apostelstatuen von Mazzuoli (1644–1725).

★ **Christie's** (**G** A4)
→ *85 Old Brompton Rd. SW7, Tel. 7581 7611, Mo 9–19.30, Di–Fr 9–17 Uhr, So 14–17 Uhr*
Eine gute Möglichkeit, das berühmte Auktionshaus von innen zu sehen, werden doch hier Dinge zu zivilen Preisen angeboten.

★ **Sloane Square** (**G** E3)
Hier beginnt die King's Road, die lange Geschäftsstraße, deren Name unauflöslich mit den *swinging sixties* verwoben ist. Die Straße führt durch Chelsea, in dem viele Intellektuelle wie Thomas More, John Whistler, Henry James oder Oscar Wilde lebten. Besonders beliebt war damals die Uferstraße Cheyne Walk.

★ **Royal Hospital** (**G** E4)
→ *Royal Hospital Rd. SW3, Tel. 7730 0161, Mo–Fr 10–12, 14–16 Uhr (Gärten 10–20.30 Uhr)*
Im 17. Jahrhundert gegründeter Ruhesitz für Armeeangehörige. In den Gärten findet im Mai die Chelsea Flower Show statt, die von der Königin eröffnet wird. Die 400 Bewohner des Pensionats tragen Uniformen aus dem 18. Jahrhundert und bei großen Anlässen den Dreispitz.

PORTOBELLO ROAD MARKET

LEIGHTON HOUSE

★Kensington Gardens (**H** F2)
→ *Tel. 7937 9561, tägl. 10–16.30 Uhr (Nov.–Feb. 15.30 Uhr). Geschlossen 90 Minuten später.*
Den Park, in dem sich einst Königinnen der Gartenarbeit widmeten, haben heute die Kinder in Beschlag genommen: Sie lieben die ferngesteuerten Boote auf dem Round Pound, die berühmte Peter-Pan-Figur und das sommerliche Marionettentheater unter freiem Himmel. Die Blumenbeete und Wasserspiele in den Sunken Gardens erinnern an Gärten des 15. Jahrhunderts.

★ Portobello Road Market (**H** B1)
→ *Portobello Rd./Golborne Rd., Mo–Mi 8–18, Do 9–13, Fr–Sa 7–17 Uhr*
Den riesige Markt mit über 2000 Ständen muss man gesehen haben – vor allem samstags, wenn neben Obst- und Gemüseständen die Antiquitätenhändler große Menschenscharen anlocken.

★ Notting Hill (**H** B1)
Nachts quellen die Pubs der Westbourne Park Road fast über von Jugendlichen und Stars, die mit dem Zeitgeist gehen wollen. Notting Hill, bis etwa 1990 nahezu unbeachtet, zieht heute gut situierte junge Leute an, die gesellschaftliche Kontraste und ein Leben im Stil der Bohème suchen. Frisch renovierte Villen, schicke Geschäfte und Restaurants prägen dieses Viertel, in dem neben Prominenten Kariben, Spanier und Portugiesen zusammenleben. Am letzten Wochenende im August rückt fast eine Million Menschen an, um der großen Kostümparade beizuwohnen, die die Black British seit mehr als 50 Jahren organisieren. In aufgeheizter Stimmung gibt es Essen und Musik aus der Karibik.

★ Holland Park (**H** B3
→ *Tel.7471 9813, tägl. 8–21 Uhr*
Einer der romantischste
Parks in London, der sic
aus Wald, aus Gärten ir
japanischen und hollän
schen Stil sowie aus Ro
und Irisgärten zusamm
setzt. Dazwischen spaz
ren Pfaue herum. Der P
gehörte ehemals zu der
1607 errichteten Hollan
House, das im Krieg zer
wurde. In dem am best
erhaltenen Flügel ist he
eine Jugendherberge ur
gebracht. An Sommerab
den finden auf dem Vor
platz Theater-, Oper- un
Ballettaufführungen sta

KENSINGTON PALACE

HOLLAND PARK

Kensington, einst Sommerfrische vor den Toren der Stadt und ab 1689 Königsresidenz, hat sich seinen Charakter bewahrt : Einerseits wird in den Geschäften der Kensington High Street reger Handel betrieben; andererseits weisen die Villen und so genannten mews (frühere Gesindewohnungen) Kensington als typisches Wohnviertel aus. Der Norden von Notting Hill Gate, bis vor kurzem noch eine Art Ghetto, zieht heute neben Berühmtheiten wohlhabende junge Leute an. Die Afrikaner und Bewohner der Antillen haben sich inzwischen vor allem östlich und nördlich der Portobello Road angesiedelt und organisieren Ende August ein riesiges Festival.

WAGAMAMA

CHURCHILL ARMS

Restaurants

Wagamama (**H** C4)
→ *24–26 Kensington High St. W8, Tel. 7376 1717, Mo–Sa 12–23, So 12–22 Uhr*
Holzbänke und Tische wie in einer hübschen Kantine, japanische Nudeln, die vor Ihren Augen und nach ihren Wünschen zubereitet werden. Einfache, gesunde Mahlzeiten. Für das Viertel moderate Preise: 10 £ à la carte.

Costa's (**H** C2)
→ *18 Hillgate St. W8, Tel. 7229 3794, Mo–Sa 12–14.30, 18–22.30 Uhr*
Hier gibt es zu niedrigen Preisen die besten *fish & chips* der Stadt. Zum Mitnehmen oder zum Verzehr vor Ort im kleinen Restaurant. Circa 10 £.

Goolies (**H** C4)
→ *21 Abingdon Rd. W8, Tel. 7938 1122, tägl. 17.30–22.30*
Gegrillte Calamares mit Chorizo, Steak vom Strauss mit Schalotten und Bananen. Gute internationale Küche in einem Raum aus dunklem Holz und Chrom. À la carte 20 £.

Mandarin Kitchen (**H** C1)
→ *14–16 Queensway W2, Tel. 7727 9012, tägl. 12–23.30 Uhr*
Chinesisches Restaurant, berühmt für seine Meeresfrüchte: Jakobsmuscheln in Knoblauch, Krabben mit Ingwer und Zwiebeln, Hummer. À la carte 11 £.

Dakota (**H** C1)
→ *127 Ledbury Rd. W11, Tel. 7792 9191, Mo–Sa 12–15.30, 19–23, So 11–18 Uhr*
Im amerikanischen Restaurant gelangen die Gewürze zu hoher Ehre. Die kreative Küche bietet zum Beispiel Kartoffelcreme mit Crevetten und Chilischoten oder Auberginen mit gewürzten Linsen. Nach Saison wechselndes Angebot. À la carte 25 £.

Clarke's (**H** D2)
→ *124 Kensington Church St. W8, Tel. 7221 9225, Mo–Fr 12.30–14, 19–22, Mo 12.30–14 Uhr*
Vor 10 Jahren galt Clarke's als Pionier der englischen Nouvelle Cuisine, und noch immer ist das Restaurant sehr »in«. Das Menü wechselt täglich. Menü 48 £.

Teesalon

The Orangery (**H** E2)
→ *Kensington Palace, Kensington Gardens W8, Tel. 7376 0239, tägl. 10–18 Uhr (Winter 10–17 Uhr)*

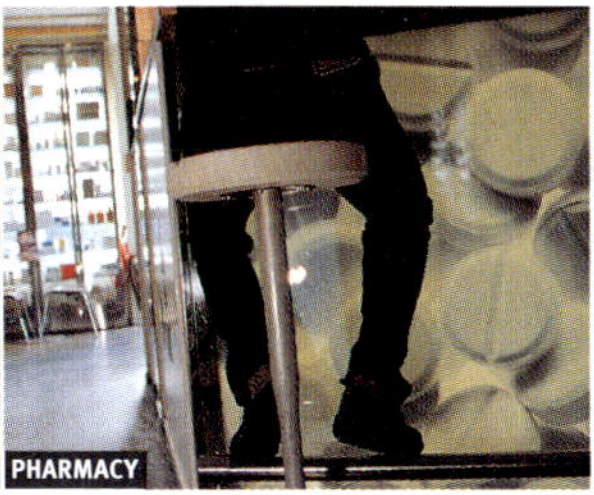

PHARMACY

URBAN OUTFITTERS

THE SPICE SHOP

Genießen Sie einen Tee oder eine kleine Zwischenmahlzeit in dem hellen Gebäude, das einst für die Königin von England gebaut wurde.

Bars und Pubs

Churchill Arms (**H** D2)
→ *119 Kensington Church St. W8, Tel. 7727 4242, tägl. 11–23 Uhr (So 12–22.30 Uhr)*
Die Decke und die Wände des Pubs sind mit vielen Gegenständen geschmückt: Körbe, Kupfergerät, Schmetterlinge, Gemälde, Fotografien. Sehr beliebt wegen seiner besonderen Stimmung am Abend und wegen der hervorragenden thailändischen Gerichte, die auf einer Veranda serviert werden.

Julie's Wine Bar (**H** A2)
→ *135 Portland Rd. W11, Tel. 7727 7985, tägl. 9–24 Uhr*
Ein Hafen der Ruhe und Romantik, nur wenige Minuten vom Portobello Road Market entfernt. Auf der schattigen Terrasse in einem Eck der Fußgängerzone sitzt man nett mit Blick auf die hübschen Fassaden ringsherum. Abends zieht der andalusisch wirkende Innenraum ein schickes Publikum an.

Pharmacy (**H** C2)
→ *150 Notting Hill Gate W11, Tel. 7221 2442, Mo–Do 12–15, 17.30–1 Uhr (Fr–Sa 2, So 1 Uhr)*
Von außen unterscheidet die Bar nichts von einer normalen Apotheke. Diesen Eindruck greift die Einrichtung mit Hockern in Tablettenform auf.

Ladbroke Arms (**H** B2)
→ *54 Ladbroke Rd. W11, Tel. 7727 6648, Mo–Sa 11–23, So 12–22.30 Uhr*
Im gelben Häuschen findet sich ein gemütlicher Pub mit Kaminen, weinroten Polsterbänken, hellen Wänden und Terrasse.

Le Prince Bonaparte (**H** D1)
→ *80 Chepstow Rd. W2, Tel. 7313 9491, Mo–Sa 12–23, So 12–22.30 Uhr*
Ein *gastropub*, in dem man sich zum Rhythmus lauter Techno-Musik in das Londoner Nachtleben stürzen kann.

Einkaufen

Books for Cooks (**H** A1)
→ *4 Blenheim Crescent W11, Tel.7221 1992, Di–Sa 10–18 Uhr*
Kochbücher vom Boden bis zur Decke und ein winziges Restaurant, in dem die Rezepte aus den Bücherregalen ausprobiert werden.

& Clarke's (**H** D2)
→ *122 Kensington Church St. W8, Tel. 7229 2190, Mo–Fr 8–20, Sa 9–16 Uhr*
Hier kann man kalifornischen Wein, Käse von Neal's Yard und amerikanischen Kuchen kaufen. Im Hintergrund des Ladens gibt es Sitzplätze.

Urban Outfitters (**H** D4)
→ *36–38 Kensington High St. W8, Tel. 7761 1001, Mo–Sa 10–19 (Di 20 Uhr), So 12–18 Uhr*
Organisiertes Chaos mit modischer Kleidung, bunten Accessoires, allerlei Dekorationen, witzigen Duschvorhängen, Karten und Zeitschriften. Außerdem (natürlich) eine Bar.

The Spice Shop (**H A1**)
→ *1 Blenheim Crescent W11, Tel. 7221 4448, Mo–Sa 9.30–18, So 11–15 Uhr*
Hinter einem grellgelben Schaufenster verbirgt sich eine Höhle wie von Ali Baba: getrocknete Früchte, aromatische Kräuter und Gewürze.

202 – Nicole Farhi (**H** C1)
→ *202 Westbourne Grove W11, Tel. 7792 6888, Mo–So 10–19 Uhr*
Damen- und Kindermode, mit großem Geschmack ausgewählte Accesoires von Designern wie Ghost, Anna Sui oder John Rocha. Hübscher Schmuck und reich bestickte Stoffe.

Paul Smith (**H** C1)
→ *Westbourne House, 122 Kensington Park Rd. W11, Tel. 7727 3553, Mo–Fr 10.30–18.30, Fr/Sa 10–18.30 Uhr*
Prachtvolle Boutique, in der die Männer-, Damen- und Kinderkollektion des Stars der englischen Mode präsentiert werden. Teile in ausgefallenen Farben und Motiven, klassische Schnitte mit leicht ethnografischem Einschlag.

SINGTON GARDENS

NOTTING HILL

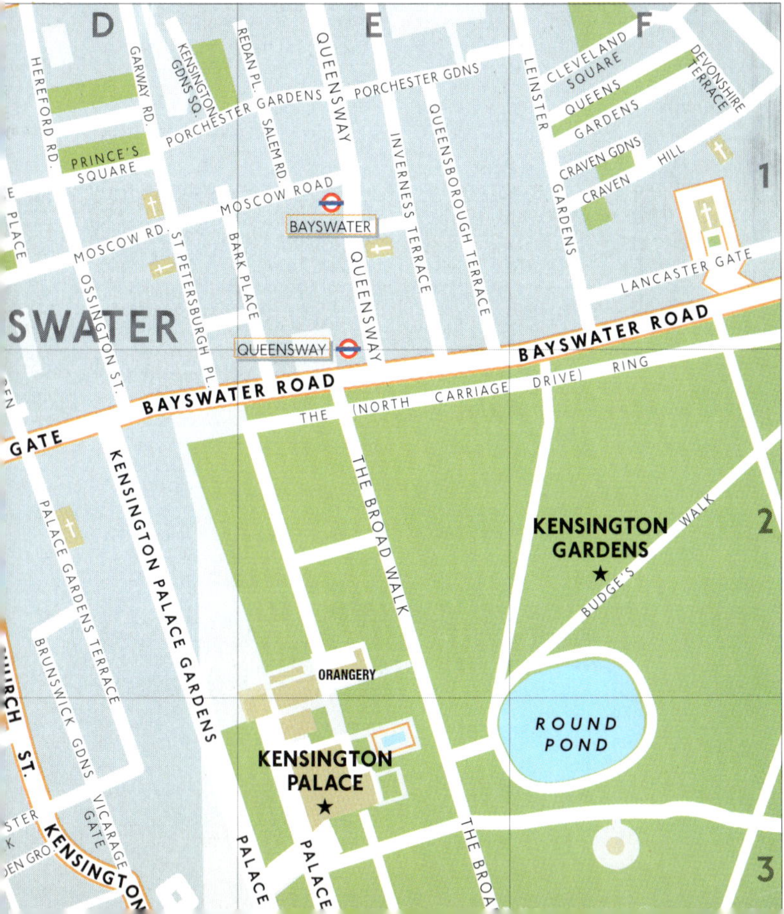

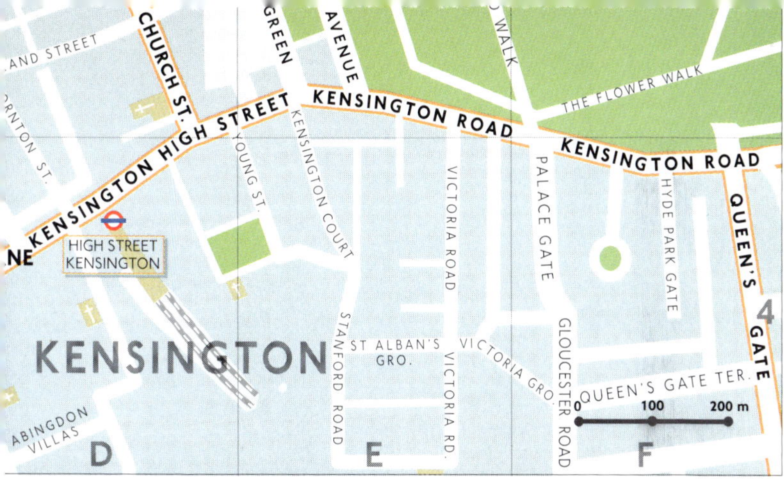

EY SAMBOURNE HOUSE

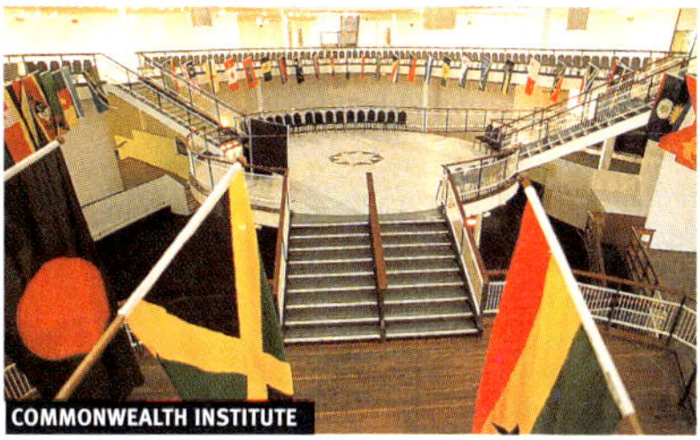
COMMONWEALTH INSTITUTE

(ensington Palace
E3)
ensington Palace Gardens
Tel.7937 9561,
. 10–16.30 Uhr
; Asthma von Wilhelm III.
der Grund für den Um-
eines ehemaligen Land-
ses in einen Palast. Hier
ten der König und seine
wegen der gesünderen
. Zwischen 1689 und
7 lebten die britischen
scher im Kensington
ace, 1819 wurde hier
een Viktoria geboren.
dieser Zeit stammt
h die Einrichtung der
te Apartments und des
lafzimmers. Das Mu-
m zeigt eine wertvolle Gemäldesammlung und – zur Veranschaulichung der königlichen Etikette – die »Court Dress Collection«. Heute wohnen in den nicht zugänglichen Räumen des Schlosses Mitglieder der königlichen Familie (unter ihnen Prinzessin Margaret).

★ Linley Sambourne House (**H** C4)
→ *18 Stafford Terrace W8, Tel. 7602 3316.*
Hier lebte zwischen 1874 und 1946 Sambourne, Karikaturist der 1841 gegründeten satirischen Wochenzeitschrift *Punch*. Diese wurde zum Vorbild ähnlicher Veröffentlichungen im Ausland, in Deutschland etwa für *Kladderadatsch* (1848) und für den *Simplicissimus* (1896). Gut erhaltenes Interieur im viktorianischen Stil; die Wände schmücken zahlreiche Karrikaturen. Dekorationen von William Morris.

★ Commonwealth Institute (**H** C4)
→ *Kensington High St. W8, Tel. 7603 4535, Ausstellungsbesuch mit Reservierung.*
Hier finden Wechselausstellungen über die Länder des Commonwealth statt. Das ungewöhnliche Gebäude in Zeltform steht nur während Ausstellungen zum Besuch offen.

★Leighton House (**H** B4)
→ *12 Holland Park Rd. W14, Tel. 7602 3316, Mi–Mo 11–17.30 Uhr*
Hinter der klassischen Fassade verbirgt sich ein extravagantes Inneres: Der erfolgreiche Maler und Orientalist Frederic Leighton (1830–96) war viel und weit gereist, was sich in seinem Haus niederschlug. Rote Wände wie in einem venezianischen Palazzo und eine arabische Halle, die einem orientalischen Palast – vom Springbrunnen bis zu den Kacheln – in nichts nachsteht. Andere Räume beherbergen eine reiche Gemäldesammlung mit Werken von Burne-Jones und Millais.

Schiffe

Tragflächenboote, Katamarane oder Autofähren für Passagiere und Autos.

Calais/Dover

Hin- und Rückweg ab: 26 €/Pers. (Fußgänger), 128 €/PKW.

Hoverspeed

→ *Tel. 087 0240 8070*

Tragflächenboote (50 Min.).

Sea France

→ *Tel. 08 03 04 40 45 www.seafrance.co.uk*

Autofähren (90 Min.)

Direct Ferries

→ *www.directferries.com*

Ostende/ Dover

Hoverspeed

→ *Tel. (00 32) 5955 9955*

Überfahrt im Katamaran (2 Std.).

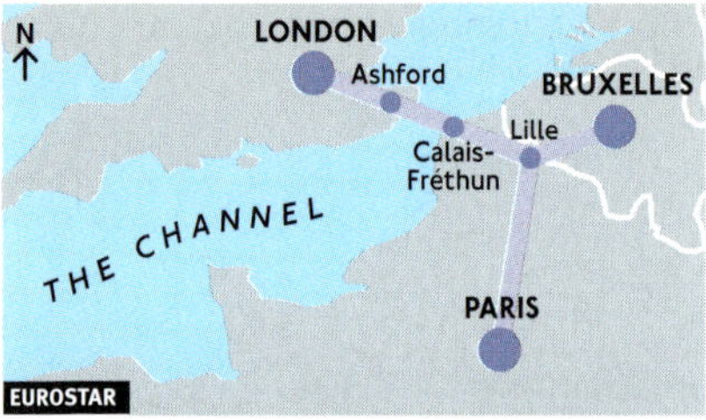

Eurostar

Nach London durch den Kanaltunnel mit Eurostar Zügen. Ankunft: Waterloo Station, 5 Minuten vom Big Ben entfernt.

Rund 40 planmäßige Eurostar-Bahnverbindungen bieten Frankreich, Großbritannien und Belgien zwischen Paris, London und Brüssel an.

Von Paris aus

→ *Abfahrt Gare du Nord; Preis ab 69 € Hin- und Rückfahrt 2. Klasse (3 Std. Fahrtzeit)*

Eurotunnel

Calais–Folkestone

→ *Abfahrt bis zu viermal in der Stunde, rund um die Uhr (Verladen 30 Min., Fahrtzeit 35 Min.)*

Der Autoreisezug »Le Shuttle« transportiert motorisierte Fahrgäste durch den Kanaltunnel nach Folkestone (120 km von London entfernt). Die Passagiere bleiben während der Fahrt in ihren PKWs. Die beiden 50 km langen Personenverkehrs- und Versorgungstunnel verlaufen 25–40 m unter dem Meeresboden.

→ *Fahrkarten im Reisebüro direkt an der Abfahrtstelle oder telefonisch.*

→ *Tel. 0801 630 304 Reisebüros informieren vorab über Fahrpreise und Sondertarife.*

In der Nähe von Hyde Park und Kensington Gardens. Großzügige und praktisch eingerichtete Zimmer. Aufzug. Doppelzimmer ab 40 £.

The Alhambra Hotel

→ *17–19 Argyle St. WC1, Tel. 7837 9575*

Ein B & B in der Größe eines Hotels, direkt neben King's Cross gelegen. Einfache Zimmer. Ab 45 £ ohne Bad.

Cherry Court Hotel (A A5)

→ *23 Hugh St. SW1, Tel. 7828 2840*

Hinter der Blumenfassade verbirgt sich ein kleines B & B mit winzigen, aber geschmackvoll eingerichteten Zimmern. Alle verfügen über ein eigenes Bad mit Dusche. Knappes Frühstück auf dem Zimmer (Gebäck, Obst und Getränke). 48 £. Nichtraucher.

51–60 £

Oxford House (A A6)

→ *92 Cambridge St. SW1, Tel. 7834 6467*

In ruhiger Straße gelegenes B & B mit hellen, schön eingerichteten Zimmern. Hinter dem Frühstücksraum liegt ein kleiner Garten. Gemütliche Atmosphäre. Ab 45 £.

Jesmond Dene Hotel

→ *27 Argyle St. WC1, Tel. 7837 4654*

Ein kleines B & B mit 24 schicken Zimmern, die von den Besitzern regelmäßig neu dekoriert werden. Ab 55 £.

Rasool Court Hotel

→ *19–21 Penywern Rd. SW5, Tel. 7373 8900*

2 Minuten von der U-Bahn-Station Earl's Court entferntes Hotel mit modernem Komfort. Es gibt einige Mansardenzimmer. Aufzug. Ab 55 £.

Garden Court Hotel (H D1)

→ *30–31 Kensington Gardens Square W2, Tel. 7229 2553*

In der Nähe der Kensington Gardens gelegenes B & B, seit 50 Jahren von der gleichen netten Familie geführt. Schöne Zimmer mit TV und Telefon. Ab 58 £.

Marble Arch Inn (F B3)

→ *49–50 Upper Berkeley St. W1, Tel. 7723 7888*

Eines der günstigsten Hotels der Stadt, nur wenige Schritte vom Hyde Park entfernt. Einfache, aber komfortable Zimmer. Continental Breakfast. Ab 50 £.

61–70 £

Carlton Hotel (A B6)

→ *90 Belgrave Rd. SW1, Tel. 7976 6634*

Bettüberwürfe und Vorhänge mit Blumenmuster und hohe Decken. Doppelzimmer mit kleinem Bad ab 69 £.

Stylotel

→ *160–162 Sussex Gdns W2, Tel. 7723 1026*

Kürzlich renoviertes Hotel mit kleinen Zimmern. Die Gemeinschaftsräume sind

Flughäfen

Information
London verfügt über 5 internationale Flughäfen; die wichtigsten sind Heathrow und Gatwick.
Heathrow
→ *Tel. (08700) 002 468*
Gatwick
→ *Tel. (08700) 002 468*
City Airport
→ *Tel. 7646 0088*
Stansted
→ *Tel. (08700) 000 303*
Luton
→ *Tel. (01582) 405 100*
Flüge und Reservierungen
Von Deutschland, Österreich und der Schweiz regelmäßige Flugverbindungen.

Anbindung der Flughäfen

Heathrow
U–Bahn (Underground)
→ *Piccadilly Line*
Preis 3,7 £ (45 Min.)
Der günstigste Weg.
Heathrow Express
→ *Preis 13 £ (15 Min. bis Paddington)*
Der schnellste Weg.
Gatwick
Gatwick Express
→ *Alle 15 Min.*
Preis 11 £ (30 Min. bis Viktoria Station)
Der schnellste Weg.
Stansted
Skytrain
→ *Preis 13 £ (41 Min. bis Liverpool St.)*
Der schnellste Weg.

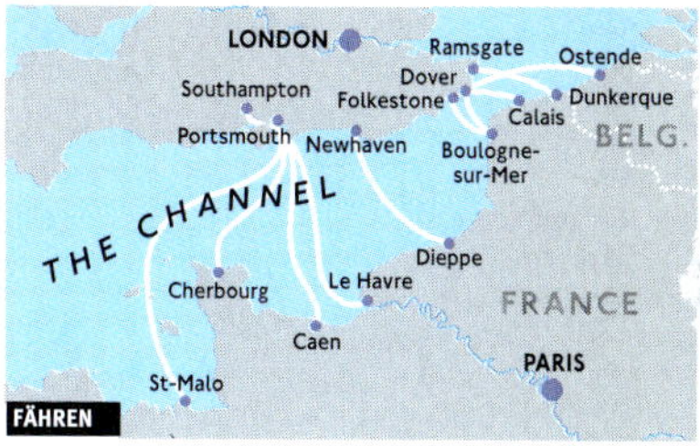

Achtung: Bei gleichen Preisen sind die Hotels in London oft weniger komfortabel und abgenutzter als in vergleichbaren europäischen Hauptstädten. Wenn nicht anders angegeben, entsprechen die genannten Preise einem Doppelzimmer mit Bad auf dem Gang in der Nebensaison (Mehrwertsteuer und Frühstück inbegriffen). Bei den meisten Bed-&-Breakfast-Adressen (B & B) wird bei Zahlung mit Kreditkarte ein Zuschlag von 3–5 Prozent berechnet.

Jugendherbergen

Für die öffentlichen Jugendherbergen (YHA) benötigt man einen internationalen Jugendherbergsausweis (13,50 £). Dieser kann vor Ort erworben werden.

Generator
→ *Compton Place WC1, Tel. 7388 7666*
Eine private Jugendherberge in einem ehemaligen Kommissariat. Sehr moderne Einrichtung. Bar mit Musikbox (18–2 Uhr) und Computern, die für 0,07 £/Min. zur Verfügung stehen. Einzel- oder Doppelzimmer und Schlafräume mit 8 Betten. Ab 15 £/Pers.
Hampstead Heath YHA
→ *4 Wellgarth Rd. NW8, Tel. 8458 9054*
Jugendherberge in einem schönen viktorianischen Gebäude mit nettem Garten. Ein wenig außerhalb gelegen. Schlafsäle mit 2–8 Betten. 21 £/Pers.
St Pancras YHA
→ *79–80 Euston Rd. NW1, Tel. 7388 9998,*
Jugendherberge mit modernem Komfort. Schlafräume mit 2–6 Betten. 24 £/Pers.
Holland House YHA (**H** B3)
→ *Holland Walk W8, Tel. 7937 0748*
Mitten im wunderschönen Holland Park gelegen. Schlafräume mit 12–20 Betten. 21 £/Pers.
Rotherhithe YHA
→ *20 Salter Rd. SE16, Tel. 7232 2114*
Die neueste Jugendherberge, 30 Min. vom Stadtzentrum entfernt. Sehr komfortabel, mit eigenem Bad. Schlafräume mit 2–10 Betten. 15 £/Pers.

Studentenwohnheime

Queen Alexandra's House (**G** A2)
→ *Bremner Rd. Kensington Gore SW7, Tel. 7589 1120*
Unterkunft für Frauen neben der Royal Albert Hall, kann von Nicht-Studenten von April bis August genutzt werden. Überraschend schöner, mit Kacheln dekorierter Saal. Nur Einzelzimmer. 30 £ pro Nacht.
Regent's College (**F** B1)
→ *Inner Circle Regent's Park NW1, Tel. 7487 7483*
Sehr einfache Zimmer in einem schönen Gebäude mitten im Regent's Park. Für Einzelpersonen und Gruppen von Mai bis August geöffnet. 50 £ pro Nacht im Doppelzimmer ohne Frühstück (max. 1 Woche).

40–50 £

Georgian House Hotel (**A** A5)
→ *35 St George's Drive SW1, Tel. 7834 1438*
3 Min. von Victoria Station entfernt, ein B & B zu unschlagbaren Preisen. Spartanische Einrichtung. Ab 42,50 £.
Lancaster Hall Hotel
→ *35 Craven Terrace W2, Tel. 7723 9276*

Verkehrsmittel und Hotels in London

UNDERGROUND

London Travel Information
020 7222 1234
24 hours

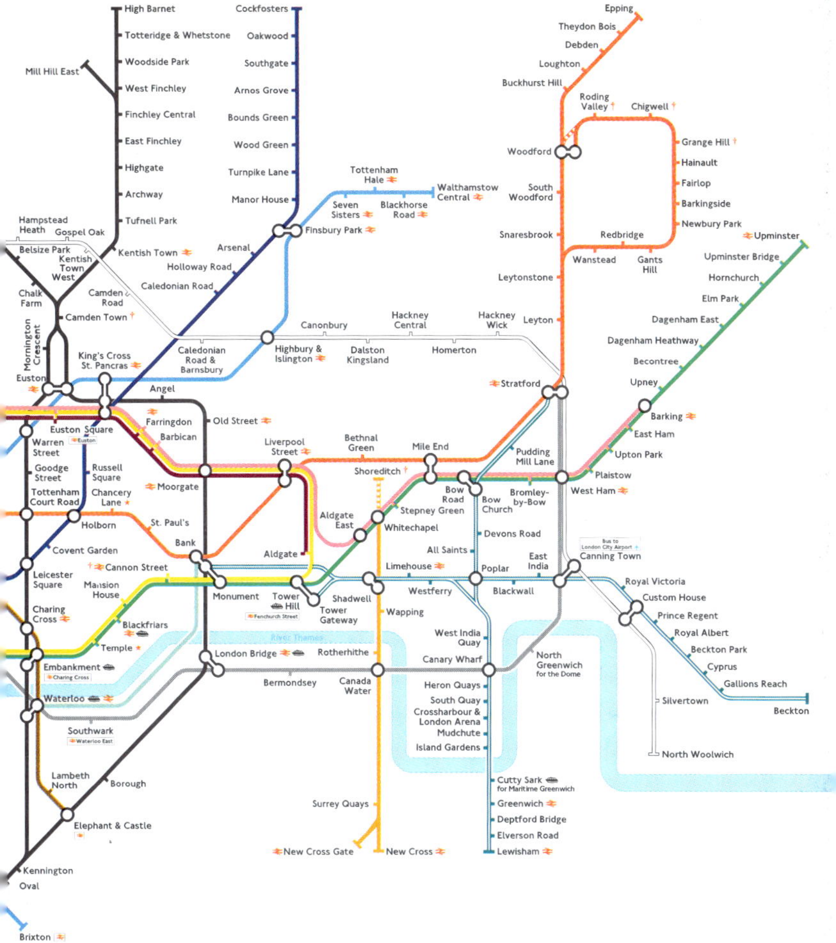

Legende

Linien

Bakerloo		Metropolitan	
Central		Nur zu den Stoßzeiten	
Nur zu den Stoßzeiten		Northern	
Circle		Piccadilly †	
District †		Victoria	
East London		Waterloo & City †	
Nur in der Hauptverkehrszeit und Sonntags morgens		Docklands Light Railway	
Hammersmith & City †			
Jubilee		National Rail	

- Umsteigebahnhof
- Anschluss British Rail
- Anschluss British Rail zu Fuss erreichbar
- Linie mit Anschluss an Flussverkehr
- Linie mit Anschluss zum Flughafen
- Sonntags geschlossen
- Wird frühmorgens und spätabends von der Linie Piccadilly angefahren
- † Öffnungszeiten hängen an den Stationen aus (einige Stationen sind während der Schulferien geschlossen)

LTM FA(a) 3.00

BUS

BLACK CABS

U-BAHN

Elegantes B & B mit großen Spiegeln, Blumenschalen, schönen Blumenstoffen und großzügigen Zimmern. Keine Kreditkarten. Stornierung mindestens 7 Tage vor Beginn des Aufenthalts. Ab 85 £.

Windermere Hotel (**A** A5)
→ *142 Warwick Way SW1, Tel. 7834 5163*
Weitläufige Treppen, geschmackvoll eingerichtete Zimmer und ein gutes Restaurant, alles in einem viktorianischen Gebäude untergebracht. Ab 104 £.

Amsterdam
→ *2 Trebovir Rd. SW5, Tel. 7370 5084*
Heitere Atmosphäre, von einigen Zimmern aus Blick in den schattigen Garten. Continental Breakfast. Ab 88 £.

La Gaffe
→ *107–111 Heath St NW3, Tel. 7435 8965*
Im Herzen des ruhigen Hampstead liegt das komfortable B & B, in dem jedes Zimmer über ein eigens Bad verfügt. Sehr nette Aufnahme. Ab 90 £.

Luxushotels

Hier lässt sich in bester englischer Tradition ein Tee genießen und sonntagnachmittags vielleicht sogar das Tanzbein schwingen. Reservierung empfohlen.

Savoy Hotel (**B** D4)
→ *Strand WC2, Tel. 7836 4343*
London berühmtestes Hotel. Mit Marmor verkleidete Empfangshalle und ein leichter Art-déco-Stil in den Zimmern. Tee 25–30 £ (15.30–17 Uhr), 159 £.

The Ritz (**A** A1)
→ *150 Piccadilly W1, Tel. 7493 8181*
Ein 1898 im Stil Louis XIV erbauter Palast. Tee 29 £, 365 £.

Claridge's (**F** C4)
→ *Brook St. W1, Tel. 7629 8860*
Reich an Geschichte(n)... Ein Genuss ist der Tee im Lesesaal (15–17.30 Uhr). Tee 26 £, Tee mit Champagner 35 £. 199 £.

U-Bahn/ Bus

Informationen
→ *Tel. 7222 1234 (rund um die Uhr)*

Tarifzonen
6 Tarifzonen für Busse und U-Bahnen. Die Zonen 1 und 2 decken die Londoner Innenstadt ab.

U-Bahn
12 Linien. Achtung: Manche Stationen schließen am Wochenende und außerhalb der Stoßzeiten.
→ *Mo–Sa 5.30–24.00 (So 23.30 Uhr)*

U-Bahn-Fahrkarten
1,6 £/Fahrt (Zone 1), 1 £ (Zone 2), 2 £/Zone 1–2)

Bus
→ *Tägl. 5–24 Uhr*
Überprüfen Sie auf dem Frontschild das genaue Fahrtziel (manche Busse befahren nur einen Teil der Strecke).
Bei *Request*-Haltestellen hält der Bus nur, wenn man dies dem Fahrer mit ausgestrecktem Arm signalisiert.

Nachtbusse (Night Buses)
→ *Bis 5 Uhr auf bestimmten Linien*
Die meisten fahren über den Trafalgar Square.

Fahrkarten
→ *Einzelfahrschein 1 £; Pass bus für einen Tag 2 £ (Zone 1 und 2).* Kauf direkt beim Fahrer oder in älteren Bussen beim Schaffner. Wechselgeld nachzählen.

Visitor Travelcard
Bus und U-Bahn. Achtung: Kann nur im Ausland (Bahnhof) oder im Reisebüro gekauft werden. Fahrkarten 13 £ (3 Tage) für Zonen 1–2.

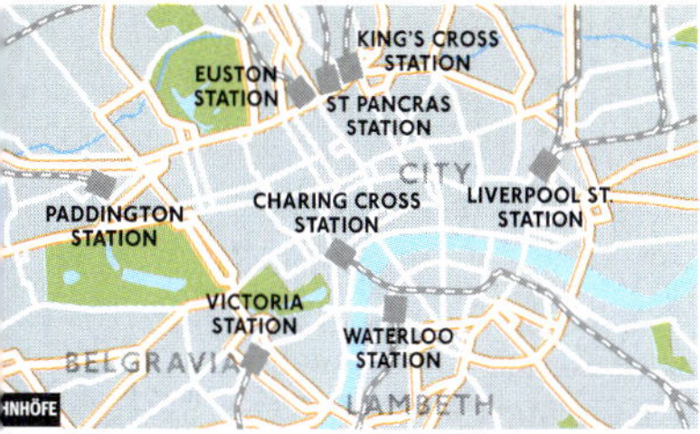

Züge, Bahnhöfe

Sieben Bahnhöfe:
Charing Cross
→ *Canterbury, Südosten*
Euston
→ *Glasgow, Liverpool, Norden, Nordwesten*
King's Cross/St. Pancras
→ *Edinburgh, Cambridge, Norden, Nordosten*
Liverpool Street
→ *Cambridge, Ostküste*
Paddington Station
→ *Bath, Oxford, Stratford, Westen*
Victoria
→ *Brighton, Süden, Südosten*
Waterloo
→ *Dover, Süden, Südwesten*
Informationen
→ *Tel. (0044) 84 5748 4950*

Taxis

Black Cabs
Leuchtet das Schild auf dem Dach rot, so ist das Taxi frei und kann per Handzeichen angehalten werden.
→ *Grundgebühr 1,4 £, dann um 1 £/km*
Dial a Cab
→ *Tel. 7253 5000*
Minicabs
Unabhängige Taxifahrer. Achtung : Rufen Sie bei einem Unternehmen an, das Ihnen empfohlen worden ist. Fragen Sie bereits am Telefon nach dem Preis.
→ *Telefonisch rund um die Uhr erreichbar, Preise sind Verhandlungssache.*

hr modern in Chrom und eieckigen Formen gehal- n. Ab 62 £ ohne Bad.
oodville House
F3)
107 Ebury St. SW1,
. 7730 1048
eines B & B mit Blumen- peten. Der Frühstücks- um führt in einen kleinen rten. Herzliche Atmo- häre und ein sehr guter rvice. Ab 66 £.
organ House (**G** F4)
120 Ebury St. SW1,
. 7730 2384
sprechendes B & B in nem georgianischen bäude. Rattanmöbel d Kamin in allen Zim- ern. Im Frühstücksraum mmt er die ganze Wand . Kleiner abgelegener rten. Ab 66 £.

1–80 £

erlyn Court Hotel
2 Barkston Gardens SW5,
. 7370 1640
B & B mit modernen, neutral gehaltenen Zimmern. Es liegt an einem kleinen Park, den die Bewohner nutzen dürfen.
Ab 75 £ ohne Bad.
Luna Simone Hotel
(**A** B5)
→ *47–49 Belgrave Rd. SW1, Tel. 7834 5897*
Tadelloses B & B, in dem die Pastellfarben dominieren. Schneller Service.
Ab 75 £.
Travel Inn Capital
(**E** B3)
→ *2 County Hall Bldg., Belvedere Rd. SE1, Tel. 0870 2383 300*
Vor kurzem eröffnetes Hotel mit 300 Zimmern, 3 Minuten vom House of Parliament und vom Bahnhof Waterloo entfernt. Sehr günstige Angebote für Familien oder Kleingruppen: Vierbettzimmer 83 £ für das Zimmer (Fr–Sa 78 £). Zuzahlung für ein Frühstück ab 4,50–6,50 £.

Vicarage Hotel (**H** D3)
→ *10 Vicarage Gate W8, Tel. 7229 4030*
Mitten im Herzen von Kensington findet sich dieses B & B in einem schönen viktorianischen Haus. Edles Mobiliar aus Holz, große Spiegel und eine herzliche Atmosphäre. Ab 78 £ (keine Kreditkarten).
Abbey House (**H** D3)
→ *11 Vicarage Gate W8, Tel. 7727 2594*
Sehr ruhiges und charmantes B & B, günstig zwischen Kensington High Street und Notting Hill gelegen. Freundlicher Empfang.
Ab 74 £.
The Mad Hatter (**E** D2)
→ *3–7 Stamford St. SE1, Tel. 7401 9222*
Über einem Pub gelegene, funktional eingerichtete Zimmer, zur Straße hin recht laut. Eigenes Bad. Aufzug. Ohne Frühstück ab 79 £ am Wochenende, sonst 99,50 £.

Hampstead Village Guesthouse
→ *2 Kemplay Rd. NW3, Tel. 7435 8679*
9 stilvoll gestaltete Zimmer voller Bücher und Möbel. Ein Zimmer ist samt Badewanne in Blau gehalten, ein anderes ganz in Gelb... Schöne Häuser mit kleinen Blumengärten säumen die Straße. Ab 72 £. Frühstück 7 £.

81–105 £

Jenkin's Hotel
→ *45 Cartwright Gdns WC1, Tel. 7387 2067*
15 kleine, gut ausgestattete Zimmer in einer sehr schönen Straße, die Anfang des 19. Jahrhunderts erbaut wurde. Der gut erhaltenen Häuser wegen wird die Straße bisweilen als Filmkulisse genutzt. Ab 85 £.
Winchester Hotel
(**A** A5)
→ *17 Belgrave Rd. SW1, Tel. 7828 2972*

Die Buchstaben (A, B, C...) beziehen sich auf die entsprechend bezeichneten Stadtviertel. Ein einzelner Buchstabe verweist auf eine Adresse (Restaurants, Cafés, Bars, Geschäfte). Ein Buchstabe mit folgendem Stern (A★) verweist auf eine Sehenswürdigkeit.

EINKAUFEN

LEBENSMITTEL

BRITISCHE KÜCHE

INTERNATIONALE KÜCHE

PUBS UND CAFÉS